MODATIVISMO

CAROL BARRETO

MODATIVISMO

QUANDO A MODA ENCONTRA A LUTA

paraela

Copyright © 2024 by Carol Barreto

A Editora Paralela é uma divisão da Editora Schwarcz S.A.

Grafia atualizada segundo o Acordo Ortográfico da Língua Portuguesa de 1990, que entrou em vigor no Brasil em 2009.

CAPA Nina Vieira

PREPARAÇÃO Allanis Carolina Ferreira

REVISÃO Adriana Bairrada e Gabriele Fernandes

Dados Internacionais de Catalogação na Publicação (CIP)
(Câmara Brasileira do Livro, SP, Brasil)

Barreto, Carol
   Modativismo : Quando a moda encontra a luta / Carol Barreto. — 1ª ed. — São Paulo : Paralela, 2024.

   ISBN 978-85-8439-366-4

   1. Ativismo 2. Feminismo 3. Moda – Estilo – Brasil – Influências africanas 4. Mulheres negras I. Título.

23-179197   CDD-746.92

Índice para catálogo sistemático:
1. Ativismo : Mulheres negras : Moda   746.92

Aline Graziele Benitez – Bibliotecária – CRB-1/3129

Todos os direitos desta edição reservados à
EDITORA SCHWARCZ S.A.
Rua Bandeira Paulista, 702, cj. 32
04532-002 — São Paulo — SP
Telefone: (11) 3707-3500
www.editoraparalela.com.br
atendimentoaoleitor@editoraparalela.com.br
facebook.com/editoraparalela
instagram.com/editoraparalela
twitter.com/editoraparalela

*Para todas as mulheres negras,
africanas de ambos os lados do Atlântico,
que me antecederam e marcaram
na minha ancestralidade
o percurso dessa trajetória
que aqui materializo
por meio de luta
transformada em poesia.*

Agradeço aos meus avós,
Zezito e Nore,
Boaventura e Iraci,
por traçarem, há anos,
desde o início das suas/nossas
lutas e alegrias,
os caminhos que
incorporo e registro aqui.
Ọlọ́run Bùsí Fún ọ

Para mulheres, então, poesia não é um luxo.
Ela é uma necessidade vital de nossa existência.
Ela forma a qualidade da luz dentro da qual
predizemos nossas esperanças e sonhos em direção
a sobrevivência e mudança, primeiro feita em
linguagem, depois em ideia, então em ação mais
tocável. Poesia é a maneira com que ajudamos a dar
nome ao inominado, para que possa ser pensado.
O horizonte mais distante de nossas esperanças e
medos é calçado por nossos poemas, talhado das
experiências pétreas de nossas vidas diárias.

Audre Lorde, 1977

Introdução

Este livro é um manifesto.

Minha intenção aqui é abrir um debate sobre o conceito de moda afro-brasileira, a fim de discutir o lugar central ocupado pela moda e pela aparência nos processos de autorreconhecimento e de empoderamento de mulheres negras na contemporaneidade. Nas páginas que se seguem, por meio de uma escrita criativa e confessional — caminhos abertos pelas mulheres de Àṣẹ —, reflito sobre a minha trajetória e trago um breve registro das reflexões que me levaram a fazer moda a partir de práticas artísticas experimentais, visando dar forma a uma provocação sobre a ausência de imagens positivas feitas por, para e sobre mulheres negras. Afinal, para nós, a moda historicamente representou um campo de exclusão e subalternidade, reforçando estereótipos prejudiciais à nossa imagem.

Os pensamentos aqui compartilhados partem da compreensão de que se não posso modificar o passado, quero criar mapas de um futuro em que eu mesma possa me desenhar potente e assim considerar que permanecerei viva. Essas reflexões advêm de anos de ativismos, práticas artísticas, pessoais e acadêmicas, e levaram a pensamentos teóricos sobre os quais não encontrei base prévia, por isso precisei inventar.

Cada linha aqui traçada tem como referencial as minhas experiências enquanto mulher negra e nordestina, amparadas nos escritos, cantares, oríkìs, rezas, contos, sonoridades, cânticos, sabores, danças, poesias, lutas e outros modos de organização e de produção de si, empreendidos por mulheres negras que integraram esse percurso de ativismo através da moda. Desde o meu primeiro desfile em 2001 e ao longo de minha pesquisa nos últimos vinte anos, vi a necessidade de criar um novo termo para tratar desta maneira de pensar e praticar a moda, e assim cunhei "modativismo".

Sustentado pela intelectualidade e subjetividade

das mulheres negras de comunidades tradicionais e pela capacidade de transformar em identidade elementos históricos de violência, o projeto nasceu da necessidade de reivindicar o respeito pela nossa condição humana, destacando saberes/fazeres que nos ensinam a lidar com a opressão e a produzir modos de subversão dentro do padrão imposto, redesenhando assim as nossas trajetórias de vida, também por meio da criação.

Por meio do modativismo e deste livro-manifesto, o que estou reivindicando é uma produção de conhecimento científico onde eu — mulher negra e nordestina — esteja no centro, e não sendo usada como objeto de estudo da pesquisa de outrem. O que quero provocar é a construção de uma moda que não seja valorada apenas pela sua materialidade — na produção de vestuário e seu comércio —, mas pelo legado imaterial e, como consequência, pelo seu potencial de transformação social.

Com a intenção de produzir memória e história, com o projeto eu busco visibilizar e subsidiar o protagonismo das mulheres negras envolvidas nos processos criativos e produtivos, sejam elas profissionais de costura ou estilistas.

Portanto, esta é uma escrita que visa ao compartilhamento de saberes sem que haja hierarquização entre as intelectualidades, sejam elas mental ou manual. Compreendo que sob o olhar da nossa ancestralidade, a mente, o corpo e o espírito não se separam, portanto não devemos considerar as manualidades como algo inferior aos produtos do pensamento. A partir da experiência de que já dispunha no meu cotidiano, pude analisar e complexificar não apenas a minha existência individual, mas, essencialmente, questionar para que serviria a produção de conhecimento constituída por mim, pelas minhas companheiras de luta e com elas.

As relações entre moda, corporalidade, gênero e racismo constituem um campo de pesquisa ainda incipiente no Brasil, tanto na esfera acadêmica quanto no cotidiano das pessoas, onde a discussão é invisibilizada pelo mito da democracia racial que permanece presente no imaginário popular, muitas vezes interferindo nos processos de autorreconhecimento. É essencial reconhecer que as necessidades de criação e de expressão artística entre pessoas negras, indígenas e brancas são específicas e têm suas diferenças. Aqui apresento o modo como o lugar de existência de cada pessoa influencia suas produções artísticas e as atrela às demandas políticas do coletivo.

Trago também a problematização das próprias nomenclaturas. Assim, analiso formas de considerar o conceito de raça como uma narrativa de origem e um produto social do racismo nas nossas criações, desnaturalizando os postulados sobre pretitude, colorismo e pigmentocracia* e concebendo a negritude enquanto produto imaterial produzido pela cultura.

---

* Se refere à aceitação social com base nas características fenotípicas de cada pessoa. No texto *Brancos e pretos na Bahia*, Donald Pierson informa que na pesquisa de campo que realizou no Brasil, muitas opiniões são divergentes, dependendo da base de pensamento de cada indivíduo ou profissional. Havia, no contexto do estudo, muitas opiniões negativas sobre os pretos, menos sobre os mulatos, que chegavam a ser elogiados pela inteligência e pelo coração, supondo que o fato de estes não colecionarem complexos ou recalques como os pretos os faziam se comportar de uma maneira mais positiva. Esse comportamento diferente estaria, no entanto, atrelado ao modelo de ascensão condicionada — traduzida nas escolhas das vestes e de outros elementos da aparência, nas companhias etc. — como percurso para construção da posição social.

Diante do total apagamento da nossa origem, memória e história, é essencial a elaboração de novas narrativas que ilustrem a existência das pessoas negras como uma existência política. Com esta escrita-manifesto, venho mostrar a contribuição do modativismo no enfrentamento das brutas sequelas da escravização e da violência do racismo estrutural. Por meio da criação artística, podemos construir representações novas e melhores sobre e para pessoas negras, apontando para perspectivas mais positivas de futuro. Laroyê!

1. A (des)construção da imagem da mulher negra

> *Fazer chapinha era um ritual da cultura das mulheres negras, um ritual de intimidade. Era um momento exclusivo no qual as mulheres (mesmo as que não se conheciam bem) podiam se encontrar em casa ou no salão para conversar umas com as outras, ou simplesmente para escutar a conversa. Era um mundo tão importante quanto a barbearia dos homens, cheia de mistério e segredo.*

bell hooks, "Alisando nossos cabelos"

No chamado mundo ocidental, o conceito de beleza por muito tempo esteve ligado aos imperativos da branquitude. Segundo os parâmetros reproduzidos por essas sociedades, ser mulher é sinônimo de ter pele branca, cabelos longos e lisos, silhueta magra e longilínea, cintura fina — mas seios volumosos —, manter as unhas grandes e pintadas, usar salto alto etc. Os dois últimos elementos simbolizam ainda o privilégio de não realizar trabalho manual e braçal. Tais aspectos, dentre outras características fenotípicas ou de adorno corporal, pouco lembram qualquer traço das culturas de origem africana ou indígena.

Ao mesmo tempo, nós, mulheres negras, cis ou trans, somos reconhecidas por características como tipo de cabelo, tom de pele, formato de nariz e silhueta. Tais atributos nos colocam num ponto específico e inferiorizado da escala social — replicada também em vivências de grupo — e reverberam as matrizes do racismo a partir da pigmentocracia. Isso, somado à crença, fruto do racismo científico,[*]

---

[*] Termo referente ao contexto dos estudos sobre raça no século XIX, a exemplo das pesquisas de autores como Nina Rodrigues, em "Estudos de craniometria", e Cesare Lombroso, para quem um "criminoso nato" poderia ser facilmente reconhecível a partir de características físicas, como "comprova" no livro *O homem delinquente*. Essas pesquisas contribuíram com os postulados científicos que determinaram, por meio de um dis-

de que apenas a pessoa branca é verdadeiramente humana, tem efeitos diretos na sociabilidade: quanto mais próxima do fenótipo da mulher branca dentro do padrão hegemônico em representatividade, mais apoio e inserção social, mais construções de relações afetivas e profissionais e mais respeitabilidade uma mulher terá, em detrimento do que é vivenciado por mulheres pretas de pele retinta.

Percebo, de modo muito evidente na minha rede de convívio social e familiar, que o tom de pele mais escuro evoca posições sociais atreladas à desumanização, ao trabalho incansável e passível de incessante exploração servil e violenta. Além de serem embutidas na condição de vulnerabilidade, reverberam nos processos de constituição de relacionamentos e na autoimagem, fazendo com que por muito tempo nos enxerguemos como inferio-

---

curso biologizante, a naturalização das diferenças entre os seres humanos. Uma questionável estratégia para definir o grupo de pessoas brancas como "normais" e superiores aos "outros", como uma identidade oculta e universal, porém exitosa a partir do momento em que passa a ocupar o senso comum e produz sentido até os dias atuais.

res, não dotadas de beleza e/ou inteligência — e assim replicando esses estigmas ao nosso redor.

Por meio dos insistentes efeitos da produção de estereótipos, eu tive a minha aparência compulsoriamente considerada inferior, sob a perspectiva de uma existência funcional. Devido ao racismo, corpos como o meu — mulher negra de pele clara, cabelo crespo, silhueta curvilínea e magra — foram significados como dotados de mera funcionalidade, atrelados ao campo do serviço subalternizado por meio do entretenimento, da hipersexualização e da objetificação sexual. No entanto, desfruto dos privilégios de ser "clarinha", como diz minha avó, assim sendo considerada "bonita", mesmo que ainda não suficientemente humana para desfrutar da autonomia que almejamos, pois, parafraseando a cantora Nina Simone em entrevista: "Liberdade é não ter medo!".

O trecho citado na abertura do capítulo, do texto "Alisando nossos cabelos", escrito pela feminista negra estadunidense bell hooks, relata uma cena que muitas de nós já vivemos: os ditos rituais de embelezamento. Quando criança, tive meus cabelos alisados muito cedo. Lembro dos salões de "beleza" que frequentava com minha mãe em Santo Amaro, na Bahia, sem entender o propósito de estar ali. No dia em que cheguei na escola com meus novos cabelos, fui tomada por uma imensa vergonha por não os ter mais naturais e, como uma criança ativa que cursava a quarta série do ensino fundamental, me sentia envelhecida e podada. Por muito tempo olhei minhas fotos com esse visual e conseguia escutar essas e outras inquietações internas da época. Só consegui me livrar disso quando surgiu, na década de 1990, a moda de usar os cabelos encaracolados, mas com muito creme de pentear, que dava a eles o efeito molhado e controlado. Embora eu tenha voltado a usar cachos na época do ginásio, eles estavam relaxados quimicamente e sem volume pelo uso desses cremes "mágicos".

Quando ingressei no ensino superior, me mudei para Feira de Santana — onde morei até concluir a graduação, em 2004 — e voltei a escovar os cabelos, tendo o rock e a música eletrônica como referência. Os cabelos alisados, curtos e coloridos, acompanhavam meus óculos da moda e as roupas que eu mesma criava estilo clubber — em pleno sertão da Bahia! Dessa vez, as tentativas de adequação tinham como base um padrão underground, mas ainda branco, que se sobrepunha à criatividade que pulsava em mim. Com o tempo, percebi que liberdade e criatividade eram indissociáveis e fui elaborando no meu consciente as referências culturais de negritude que me acompanharam a vida inteira, advindas da minha cidade de origem.

Hoje, revisitando essa história, observo como os padrões da branquitude* nos ridicularizam ao nos obrigar a reproduzir esses rituais de "beleza" inalcançáveis. Isso vem algumas vezes da nossa própria família, na tentativa de que, de alguma maneira, tais adequações nos protejam dos impactos da exclusão provocada pelo racismo. Entretanto, é fundamental ressaltar que o silenciamento das populações negras — seja na arte, na cultura ou nas mídias — sempre teve o papel de nos afas-

---

* Entende-se por "branquitude" um conjunto de atitudes que, segundo a pesquisadora de psicologia social Maria Aparecida Bento em "Branqueamento e branquitude no Brasil", expressa na sociedade brasileira os reflexos de um traçado histórico, "como o medo que alimenta a projeção do branco sobre o negro, os pactos narcísicos entre os brancos e as conexões possíveis entre ascensão negra e branqueamento".

tar do que é nosso, impedindo que, por meio de nossa história, pudéssemos valorizar as belezas e as potencialidades das nossas ancestrais.

É importante destacar o papel do racismo recreativo na construção da imagem da mulher negra, tema estudado por Adilson Moreira e publicado com coordenação de Djamila Ribeiro no livro *Racismo recreativo*. No campo da comunicação, especialmente televisiva, esse tipo de racismo contribuiu para rotular como risíveis e inferiores as nossas características físicas e comportamentais. Essa narrativa artificial, que busca atribuir qualidades morais e intelectuais aos nossos traços — como se fosse possível determinar o resultado das construções culturais e sociais por meio da nossa biologia —, ajudou a criar a desigualdade entre pessoas negras e brancas que perdura ainda hoje.

Começamos problematizando então o fato de a imagem não se tratar apenas de um registro estático, mas de um conjunto de características. Observadas através de lentes específicas, essas qualidades foram definidas com base nas relações hierárquicas de poder que surgem a partir de contínuos atos de violência. Tais atos se modificaram com o tempo, mas mantiveram as mesmas intenções: determinar as oportunidades de êxito social a partir do lugar de existência, de origem ou de lugar de fala. Historicamente, atrelando a nossa imagem aos mais diversos discursos deterministas, essa violência naturalizada tem buscado negar a possibilidade de que, como pessoas humanas, possamos nós mesmas escolher as próprias condições de existência.

Tendo como base para refletir sobre a produção efetiva das imagens — tema debatido por Norman Fairclough em *Discurso e mudança social* —, no campo dos estudos sobre linguagem e análise crítica do discurso, compreendem-se espaços de representação como a moda, o cinema, a publicidade, a televisão, a literatura, dentre outras formas de concepção de linguagem e imagem, como esferas produtoras de realidades sociais e, portanto, pilares para a construção de subjetividades.

Ao falar especificamente de moda, assim como ocorre na área da comunicação televisiva, a assimetria entre a realidade brasileira e a representação desta é nítida. Apesar de mais de 50% da população se identificar como preta, ainda temos uma imensa maioria de pessoas brancas representadas como modelo de beleza e de intelecto, estabelecendo a branquitude como marca ideal de brasilidade. Esse apagamento produz efeitos econômicos, sociais, políticos e culturais negativos, além de afetar profundamente a maneira como pessoas negras, em especial as mulheres, se enxergam.

No meu caso, foi só em 2003, depois de alguns anos integrando o movimento estudantil da UEFS e participando dos debates sobre racismo e diversas frentes de lutas, que comecei a dar forma para as mudanças internas que contribuíram para redesenhar a minha aparência. Nas fotos dos meus primeiros desfiles, em 2001, ainda apareço com o cabelo alisado e muito tímida, timidez essa que agora vejo como um produto emocional do senso de inadequação enquanto passava pelo processo hoje conhecido como transição capilar. Atualmente, enxergo essa fase como uma transição do meu olhar sobre mim mesma, uma mudança interna, constituída a partir de outras lentes e descobertas identitárias. A partir dali comecei a minha busca como artista.

Cortei o cabelo bem curto em 2003, e, à medida que ele foi crescendo para o alto e ganhando volume, fui achando graça da reação das pessoas nas ruas de Feira de Santana. Ria apesar de sentir a violência de ser olhada e apontada com estranhamento, afinal, com o avanço nas leituras e nos debates políticos, passei a entender o poder do racismo em produzir estereótipos, mas já tinha consciência de que podia imprimir essas lutas também na minha imagem e no meu trabalho criativo.

Com o advento das redes sociais, uns dez anos depois, vi muitas mulheres se organizando e trazendo para as rodas de debate os mesmos questionamentos que eu tinha, e passei a ser convidada a participar de entrevistas, mesmo que sofresse com o choque geracional de alguém que nunca tinha ouvido falar em *big chop* e cachos B1 ou C3.

Enquanto sobrevivente de uma época com pouquíssimas referências de mulheres negras, fui me constituindo de maneira autônoma e tentando sensibilizar outras ao meu redor através do compartilhamento de vivências. Oferecia inclusive o corte de cabelo que aprendi a fazer junto com minha mãe, também como estratégia para não precisar nunca mais frequentar aqueles salões de "beleza" onde sempre fui maltratada; onde, ao reclamar dos efeitos do alisamento, eu ouvia: "Quero ver você aguentar esse cabelo duro!" — frase que me fez me retirar do estabelecimento.

Para algumas mulheres, a transição capilar pode ser uma demanda muito mais forte e difícil de lidar do que imaginamos. O cabelo natural tem o poder de nos situar num lugar de pessoa negra que muitas vezes nunca experienciamos. No contexto da pigmentocracia brasileira, ou seja, os modos de atribuição de mérito ou valorização de qualidades específicas de uma pessoa com base no quão próxima ela está do padrão de beleza branco, muitas vezes nem percebemos a funcionalidade da "máscara" — conceito abordado por Grada Kilomba em *Memórias da plantação* — e o quanto ela nos é colocada de maneira compulsória, produzindo complexos modos de silenciamento enquanto naturaliza a violência colonial e racial.

Como mulher negra, me sinto menosprezada pela branquitude e adestrada pela cultura midiática a associar o autocuidado a um conjunto de técnicas de embranquecimento interno e externo. Traduzidos às vezes em quase mutilação, alguns procedimentos, como o alisamento químico, já me provocaram queimaduras e outros resultados terríveis, destoando do que é mostrado nas propagandas.

A pedagogia do embelezamento funciona como um manual sobre o modo correto de ser uma mulher, não apenas para aparentar beleza, mas também limpeza, confiança, competência, inteligência — e, acima de tudo, humanidade.

A indústria cultural desenhou com minúcia quem parece verdadeiramente humano. Para além desse recorte, sabemos que o fato de por muito tempo não termos tido instrumentos para a produção da nossa figura de maneira autônoma reverbera na manutenção da desigualdade. Diante disso, continuamos trabalhando muito para produzir uma radicalização cognitiva que desvincule a imagem da pessoa preta da subalternidade, para que as novas gerações — aquelas que já se orgulham do seu black power desde muito pequenas — não mais sejam vítimas de tais traumas.

Nesse esforço, aos 21 anos tive minha primeira experiência de expor e desfilar meus trabalhos artísticos, movida pela necessidade de mostrar para o mundo o quão complexas eram as relações humanas que me cercavam e de debater os produtos do racismo e da cis-heteronormatividade, questões que se descortinavam para mim à medida que eu amadurecia politicamente.

Hoje sei que a moda desempenha um papel fundamental na construção de uma imagem de autonomia e de autorrepresentação das mulheres negras, e é isso que me proponho fazer por meio do modativismo.

ONDE FICA A MINHA ÁFRICA?

Aquela que não sabe a sua origem precisa criar, e assim o fiz desde que nasci. A minha África começou na cidade baiana de Santo Amaro, na avenida Ferreira Bandeira, número 41, na casa de meus avós, Zezito e Nore, bem perto da pracinha do Círculo Operário Católico.

Na infância, a minha África percorreu muitas ruas, casas e becos de Santo Amaro. Foi composta de paredes brancas, adornadas com as imagens dos pretos-velhos e as poucas fotografias de família que a enchente do rio Subaé não levou. Um mapa formado pelos carurus de santo e pelas tradicionais festividades de rua, que dançamos a vida toda com o mesmo orgulho e alegria de nossas ancestrais. Mais tarde, a minha África foi refeita e ampliada no Recôncavo, nas praias que serviam de lar para as marisqueiras, rendeiras, bordadeiras e sambadeiras da Baía de Todos-os-Santos, e nas comunidades quilombolas, que carregavam o exemplo vivo da resistência de suas mulheres pretas. A minha África também foi recriada no sertão da Bahia, depois se transformou durante as madrugadas da capital, os shows das drag queens e os pontos de trabalho das travestis profissionais do sexo no centro da cidade de Salvador, as quais tive como companheiras de pesquisa e de afetividade durante uma importante fase da minha vida. Quando definitivamente me entendi como mulher negra e artista, a minha África decolou de Salvador de volta para Dakar e Luanda, onde tive uma ambígua sensação de reencontro com a minha baianidade, negritude e ancestralidade. Após essas viagens de retorno, ela se transformou em diáspora ao redor do mundo.

Todas as vezes que busquei caminhos para a África, eu a encontrei perto de mim, dentro de mim e nas experiências vividas. Sempre me questionei: como narrar uma África que não conhecemos sendo que a produção de memória de gente preta no Brasil é escassa? Fui encarregada, então, de desenhar os meus próprios mapas.

É partindo desse percurso de reflexões e vivências que venho avaliando os significados da moda para mulheres negras. Sempre me perguntando: como posso me reconhecer enquanto tal — talvez uma africana do outro lado do Atlântico — sem saber com precisão minha origem? Aquela que não sabe a sua origem precisa criá-la, e assim o fiz desde que nasci.

COMO ME CONSTITUIR AFRO-BRASILEIRA?

Ao longo da vida e da evolução das minhas produções artísticas, o campo mais fértil de resgate da minha afro-brasilidade foi a prática de espiritualidade de matriz africana. Para mim, a maior referência de moda feita por e para mulheres negras vem das casas de candomblé, muito embora eu tenha crescido numa família católica e pouco tenha tido experiências no Àṣẹ enquanto morava em Santo Amaro. Foi na cidade de Feira de Santana, durante a graduação, que tive a oportunidade de estar pela primeira vez num Xirê. Era festa de Xangô, com uma enorme e flamejante fogueira na área externa, e ali tive o privilégio de sentir uma energia extremamente forte, ouvir os toques que o meu coração já conhecia, me reconectar com os aromas e sabores muito caros à minha cultura no Recôncavo e sentir a presença de Orixá. Minha vida naquela noite mudou para sempre: vivi um choque estético-cultural-espiritual tão intenso e significativo que passei a me perguntar por que tinha vivido por tantos anos sem ter noção da riqueza da minha ancestralidade. Como pesquisadora e designer de moda autodidata desde a adolescência até a profissionalização, sempre compreendi que os terreiros de candomblé eram um espaço de reconexão com a nossa arte, cultura e ancestralidade. Oriundos de um caminho de interiorização para o culto da espiritualidade, por meio da reconstrução de uma consciência sobre o nosso Ori e sobre quem o rege, eles são um ponto de partida para o redesenho desse mapa da África que tanto buscamos e, especialmente, uma materialização da viagem de retorno.

Para além disso, os terreiros representam o culto ao espiritual e às forças da natureza. Na nossa cultura, a arte está centrada na materialidade e sofisticação dos movimentos do corpo, na profusão de cores, na complexidade das vestes, na beleza dos aparatos, no som dos atabaques e nos cantos dos oríkìs. Para mim, foi como um campo riquíssimo que já existia ao meu redor, mas que ainda não tinha sido experienciado de perto — compreendi, por isso, que precisava me aproximar com cautela e respeito.

O encantamento, assim como as respostas que buscava, cada vez mais se avolumavam na minha vida. Jamais imaginei, no entanto, que esse seria também um percurso para a compreensão de alguns dos resultados do colonialismo, como uma complexa chave de entendimento sobre as afro--brasilidades.

MODA, INDUMENTÁRIA E CULTURA PARA UMA MULHER NEGRA BRASILEIRA

Em 2014, integrei a comissão organizadora do I Congresso Internacional sobre o Pensamento das Mulheres Negras no Brasil e na Diáspora Africana da UFBA/Uneb. Ao nos dividirmos para recepcionar as convidadas, fiquei com a honrosa missão de dar as boas-vindas à professora nigeriana Molara Ogundipe, uma das pioneiras na contribuição para as lutas de mulheres africanas e conferencista principal do evento.

Durante o percurso entre o aeroporto e o hotel, ela me pediu para que em um momento oportuno eu a levasse ao Terreiro do Gantois,* já que, como nigeriana, ela reservava algum tempo para ir a um terreiro de candomblé sempre que vinha a Salvador, pois na nossa terra estavam importantes registros históricos de algo muito especial.

Nas palavras dela, acompanhadas das danças e dos toques — mantidos "puros" ao longo do tempo —, "aquelas roupas portuguesas, junto aos vestígios de africanidade que ali restavam, eram encantadoras!". Muito surpresa, perguntei por que tinha citado roupas portuguesas, e ela respondeu: "Você acha que aquele volume de saia e todos aque-

---

* Fundado em 1849, o Ilé Ìyá Omi Àṣẹ Ìyámase, conhecido como Terreiro do Gantois, é uma das casas mais antigas do candomblé Ketu no Brasil.

les brilhos, tecidos rendados e bordados se usavam em África naquela época? Para nós, Orixá usa uma amarração de tecido, apenas".

Por ser uma cultura viva, ela explicou, o culto de Orixá na Nigéria se modificou ao longo do tempo e muita coisa se perdeu, diferentemente daqui, onde houve uma confluência de práticas oriundas de diversas nações, cujo surgimento se deu como uma forma de resistência e reconexão com a origem. Foi o cuidado para manter vivas tais tradições e ensinamentos o maior responsável pelo registro histórico do nosso poder de criação.

A partir dali, passei a me questionar ainda mais sobre o que significava afro-brasilidade, pois as roupas utilizadas por mães de santo no candomblé, aquilo que para mim simbolizava a pureza da africanidade, me foi revelado por alguém com vivência no país africano originário da cultura iorubá como um resultado colonial. Assim, comecei a refletir sobre como aquelas lentes mediadoras da interpretação da realidade foram colocadas sob meus olhos sem que eu me desse conta e o quanto ainda tinha a aprender e a conhecer sobre a minha própria cultura.

* * *

Na minha profissão, aprendi a ler a silhueta das vestes a partir dos recortes históricos ali anunciados, analisando a origem das técnicas aplicadas ou os beneficiamentos dos tecidos usados — por exemplo: os motivos de bordados e outros métodos manuais terem sido investidos em roupas de pessoas específicas e grupos com determinadas hierarquias sociais. Quando eu dava aula de história da moda, me incomodava o fato de estarem registradas nos livros apenas as vestes das mulheres brancas oriundas da aristocracia europeia. Por isso comecei a analisar a indumentária das mulheres de Àṣẹ como uma tradução cultural apropriada pela negritude. Com essas vestes, elas ao mesmo tempo exibiam de certa forma a estética hierárquica vigente naquele tempo/espaço colonial e mantinham vivas as tradições de culto às forças da natureza, valorizando símbolos e significados oriundos da cultura originária.

Foi com essa observação que comecei a refletir sobre como as práticas de enfrentamento das populações negras, num contexto cruel de violência e opressão, também se desenharam a partir de uma subversão dentro do padrão imposto. Visualmente, numa leitura menos apurada, vestir roupas semelhantes às das elites brancas — rendas e saias volumosas, por exemplo — era uma estratégia de sobrevivência, para que, por meio da vestimenta, se pudesse também exercitar uma estética de hierarquia social, ainda inacessível para pessoas pretas. Entretanto, quando se analisa de maneira mais profunda, percebe-se que esses trajes traziam assinaturas particulares e dissonantes, mesmo que parecessem integrados ao padrão vigente. Dessa forma, a população negra conseguia praticar a própria cultura mesmo com vestes parecidas com as usadas pela aristocracia branca e outras complexas estratégias de sincretismo religioso, driblando em certa medida as restrições e imposições racistas.

Nesse percurso e a partir da minha própria experiência, continuei me perguntando sobre o que seria a moda para mulheres negras. Só comecei a esboçar respostas para essa questão quando consegui me afastar dos conceitos de moda que estudei nos campos teóricos, os quais pesquisei — com o discernimento de que os conceitos também nascem racializados e generificados — conectados às narrativas da origem de quem os escreveu.

Em diversos textos da graduação em letras, dentre as reflexões sobre as diferenças entre moda e arte, li, sob a perspectiva branca, que a arte é caracterizada pela sua gratuidade ou inutilidade e que qualquer característica de funcionalidade extrairia desse objeto seu caráter artístico. Porém, após razoável trajetória como artista e pesquisadora independente, e depois como integrante de projeto de iniciação científica na universidade, entendi que não deveria ver o que crio como se não fosse arte, mas modificar os meus parâmetros de comparação e os referenciais teórico-metodológicos que conduziam a construção do meu saber/fazer.

Há muitas comunidades, por exemplo, que jamais precisaram dissociar um objeto utilitário de um objeto artístico, ou nem mesmo quiseram reivindicar individualmente a autoria de determinada obra, pois para muitas delas (como as comunidades tradicionais africanas, indígenas, afro-brasileiras e afro-indígenas) toda criação nasce de uma construção coletiva, cuja autoria é compartilhada e resulta de todo o saber social historicamente construído e materializado em formas, texturas e cores. Essa perspectiva marca os percursos construídos pelo modativismo, problematizando a noção de obra de arte ou de assinatura artística, centrada num indivíduo único e dotado de brilhantes ideias.

Essas reflexões e práticas artísticas se traduziram numa cena que me marcou muito, durante a minha primeira viagem internacional, quando fui convidada a representar o Brasil na Dakar Fashion Week, no Senegal, em 2013, história que conto em mais detalhes no capítulo 4. A caminho do segundo desfile na periferia de Dakar, vi mulheres trajando vestidos belíssimos e multicoloridos. Encantada com tamanha beleza, olhei para minha própria roupa — um vestido de malha cinza e tênis — questionando tudo o que eu tinha escolhido vestir durante aqueles 33 anos de existência. Só ali percebi que na verdade eu não tinha tido a oportunidade de escolher nada, apenas de reproduzir modelos que me foram sugeridos, pela total ignorância das formas de beleza e de bem viver das minhas possíveis culturas originárias.

Percebi que um dos principais elementos dos quais a colonização me privou foi a autonomia ética e estética, me fazendo internalizar os rituais sociais e os parâmetros de status da branquitude, que determinavam momentos específicos para usar esta ou aquela roupa, compondo extensos manuais de certo e errado. Enquanto, para uma mulher senegalesa trabalhadora, a intenção de se vestir no cotidiano é a de acordar e começar o dia se mostrando como é por dentro: maravilhosa!

Compreender o conceito de moda para mulheres negras também perpassa por experiências que são capazes de expandir o nosso próprio entendimento do que é moda e, assim, descobrir que podemos enxergar as roupas e o ato de vestir a partir de outra perspectiva, que não a considerada "padrão" no Ocidente.

2. Adequar-se ou vestimentar-se?

Como já discutimos, para mulheres negras a moda carrega historicamente o significado de exclusão e de subalternidade e produção de estereótipos. Por muito tempo as escolhas visuais para nós foram um meio de construção de identidade, uma forma de concretizar a passabilidade* branca e de

---

* Tomo aqui emprestada a noção de passabilidade cis — usando por analogia o termo "passabilidade branca" — para analisar as implicações entre o racismo e uma aparência suficientemente respeitável e reconhecível. Vale também dizer que, para mulheres negras cis ou trans, quanto maior a passabilidade branca, maior é também a cis, fator determinante para aumentar ou reduzir a aceitação social, a expectativa de vida e a vulnerabilidade à violência. As autoras Hailey Alves e Jaqueline de Jesus discutem isso na obra *Feminismo transgênero e movimentos de mulheres transexuais*.

se moldar estrategicamente ao padrão imposto pela violência racista. Numa sociedade que reproduz o "preconceito de marca", termo cunhado por Oracy Nogueira no início do século xx, a passabilidade branca se tornou um imperativo na condução de diversas escolhas, entre elas a definição da religião ou das práticas de espiritualidade, mas também o modo de se vestir e agir em público.

Na atualidade, junto às políticas públicas de ações afirmativas e à ampliação dos debates sobre raça e racismo, a moda nos serve como um importante espaço de produção discursiva e passa também a ser compreendida como campo de ativismo e de expressão identitária.

No texto intitulado "Uma estética da negritude: estranha e opositiva", bell hooks afirma que a estética é mais um dos recursos importantes para o ativismo político e a construção de práticas de resistência. Refletindo sobre o contexto das relações raciais estadunidenses, ela contribui para pensar o alcance do racismo ao nos mostrar a relação entre estética, capitalismo e ancestralidade quando debate:

A ideologia da supremacia branca insistiu que as pessoas negras, sendo mais animais do que humanos, não tinham a capacidade de sentir e, portanto, não poderiam envolver-se com o campo das sensibilidades mais finas que eram o terreno fértil para a arte. Em resposta a esta propaganda, os negros do século xix enfatizaram a importância da arte e da produção cultural, vendo-a como o mais eficaz desafio para tais afirmações. Uma vez que muitos africanos capturados e escravizados trouxeram a este país uma estética baseada na crença de que a beleza, especialmente aquela criada em um contexto coletivo, deve ser um aspecto integrado da vida cotidiana, revalorizando as formas de sobrevivência e desenvolvimento da comunidade, estas ideias formaram a base da estética afro-americana. A produção cultural e a expressividade artística também foram formas dos povos africanos deslocados manterem ligações com o passado.

No texto, a autora cita produções de artistas negras e negros nos Estados Unidos desde o século

XIX — o que para nós é inimaginável, uma vez que no Brasil ainda se praticava a escravização nessa época e apenas em 1888 foi sancionada uma lei cujo efeito ainda não penetrou todas as camadas da sociedade brasileira. Falando também do poder do legado estético da nossa ancestralidade — tão sofisticado que o capitalismo não foi capaz de destruir por completo —, bell hooks nos mostra que por meio da arte podemos reelaborar as conexões com o nosso passado, apagadas pelo poder colonial, para assim produzirmos outra memória sobre a nossa origem e redesenharmos a história.

Dentre as breves reflexões e relatos de percurso, que me auxiliaram a entender as relações entre moda e ativismo e colocá-las em exercício no mundo, está a compreensão, advinda da prática de espiritualidade de matriz africana, sobre a importância de me relacionar com as vestes como modo de fortalecimento do campo de força protetiva espiritual com que lidamos cotidianamente. Surge, então, em contraponto à necessidade de adequar-se aos padrões da branquitude, a possibilidade de "vestimentar-se", como aponta Mestra Janja:

Vestimentar-se como ato de trajar-se para a luta, revestindo-se de significações complexas que acionam, desde a proteção espiritual, como outro modo de equipar-se para a batalha, como ato diferente do vestir-se. Pois, cotidianamente, preparando-nos para os enfrentamentos diários, antes de sair de casa, nos revestimos também de coragem, ousadia, como que vestidas como as armas de Jorge. Por isso a importância de vestimentar, vestimentar-se, vestimentação produzindo uma vestimenta-ação.

Sob essa perspectiva, passamos a enxergar como particulares nossos parâmetros de beleza e de sucesso, muitos oriundos das nossas culturas originárias, ancestrais e milenares, que nos apresentam não apenas modos de vestir, mas de bem viver, existir e resistir.

Entretanto, quando analisamos nossa aparência e nossas vestes, campo em que são mais visíveis os marcadores sociais das diferenças — como gênero, raça, geração, entre outros — percebemos que na maioria das vezes ainda aprendemos a criar, confeccionar, ler e vestir roupas oriundas de culturas brancas. É por isso que se faz necessária a criação de uma moda afro-brasileira, por meio da qual possamos não apenas nos vestir, mas nos vestimentarmos.

COMO POSSO RE-EXISTIR SE NÃO CONSIGO ME RE-VESTIR?

Pensando nisso, aumentaram os meus questionamentos: como posso existir se não consigo me vestir? Como posso re-existir (resistir) se não consigo me re-vestir (revestir)? Com o vestuário expressamos uma imagem de nós que se transforma também em autoimagem e contribui para a elaboração das conexões sociais que nos ajudam a criar um senso de grupo ou comunidade.

Muitas vezes me parece que a existência das pessoas negras no Brasil é compulsoriamente coletiva. A força estruturante do racismo nas nossas vidas elimina a possibilidade de sermos vistas como indivíduos e tenta homogeneizar a maneira como nos situamos no mundo. Como mulheres negras, somos facilmente objetificadas, exotizadas e subalternizadas, e, diariamente, não importa qual seja a nossa produção intelectual ou o lugar onde trabalhamos, somos obrigadas a lidar com experiências racistas, de acordo com a imagem de grupo que nos foi historicamente imposta.

Ao mesmo tempo, é no movimento voluntário de entendimento da potência do agrupamento crítico que lutamos contra essa ideia. Assim, tenho trabalhado incansavelmente e em diversas vias de expressão, com a intenção de contribuir para a elaboração de outros espelhos que possam refletir verdadeiramente quem eu sou, em extensão às mulheres que me antecederam e àquelas que surgirão depois de mim.

MODATIVISMO COMO MATERIALIZAÇÃO DA IMPORTÂNCIA DE VESTIMENTAR-SE

Nesses anos de experiência com o modativismo, venho numa busca ativa tentando compreender o conceito de moda afro-brasileira. Levantando mais questionamentos do que respostas prontas, essa investigação que vem sendo realizada por meio de pesquisas bibliográficas e artísticas, mas principalmente dos experimentos inventivos e da análise dos processos, resultados e produtos, construídos coletivamente nos laboratórios criativos-formativos.

Partindo da análise minuciosa sobre como os aspectos materiais e imateriais de uma criação expressam elementos culturais e identitários, podemos elaborar uma produção de conhecimento emancipatória no campo da moda — especialmente se avançarmos no debate sobre a criação como um campo de invenção artística para a produção de conhecimento científico.

Porém, caso as nossas pesquisas e processos criativos e produtivos não nos ajudem a romper com a lógica colonial de saber e poder, mesmo atuando a partir de perspectivas culturais de origens subalternizadas iremos reproduzir práticas de apropriação ou contribuir para a produção de estereótipos e de imagens de controle.

Ou seja, mesmo sendo uma mulher negra e candomblecista, posso reproduzir atos de apropriação cultural, pois ainda que eu integre populações em que a maioria das pessoas é minorizada, passei pelo mesmo aprendizado social que todas as outras.

Daí a importância da desnaturalização do marcador social "raça", assim como trabalhamos durante décadas para desnaturalizar o "gênero" na perspectiva dos estudos/ativismos feministas interseccionais e decoloniais. Todos esses são conceitos oriundos da sociedade e da cultura, não da natureza, como os discursos deterministas que marcam a construção do senso comum costumam apontar.

Mas será que toda pessoa negra produz moda afro-brasileira? Não necessariamente! Uma vez que a construção da consciência de negritude passa tanto pelas nossas experiências subjetivas como pelos aspectos sociais e culturais, nosso fenótipo sozinho não é capaz de nos fazer entender a nossa etnicidade e ancestralidade. O acesso ao conhecimento científico e às práticas das culturas africanas e afro-brasileiras, na sua amplitude e complexidade, depende da geração, da origem, da escolarização, da experiência religiosa e de outras vivências de uma designer. Esse conhecimento — ou falta dele — incide sobre o nosso traço e permite que esses parâmetros estéticos se manifestem em nossas criações.

A intenção da reflexão que provoco aqui não é determinar quais criações devem ou não ter um selo de afro-brasilidade. No meu próprio percurso, nem sempre esse traço foi aparente, já que ele depende dos processos criativos-políticos--produtivos-formativos. Para mim, como artista, demonstrar "o que é" passou a ser menos importante do que refletir sobre o "como é", por isso em diversos momentos da trajetória do modativismo eu me preocupei mais com o processo, como forma de me reconectar com a minha origem.

Na contemporaneidade, a afro-brasilidade consiste na produção de arte e cultura, indissociáveis e resultantes dos nossos modos de bem viver, oriundos de práticas de sobrevivência como forma de reconstruir as relações humanas desconstituídas pela violência colonialista. Portanto, para uma criação ser considerada afro-brasileira, os elementos visuais devem ser reconhecíveis como tal, mas os processos que a originaram também devem vir desse lugar de respeito às pessoas e à diversidade humana, aos seus espaços íntimos e sagrados, mesmo que em detrimento dos resultados comerciais.

Afro-brasilidade, então, é um produto cultural, resultante da interlocução entre os diversos traços étnicos africanos que construíram esse país, junto aos caracteres coloniais, somados às culturas dos povos originários que até hoje resistem e com quem ainda pouco dialogamos.

VOCÊ REIVINDICA A SUA ANCESTRALIDADE?

Todos nós viemos de algum lugar. Não há e não haverá uma cultura, sociedade, clã ou tribo que não tenha que reconhecer formalmente os seus antepassados e atribuir-lhes um papel na vida individual e coletiva de seus membros. Na verdade, parece que o reconhecimento de algum senso de conexão com os nossos antepassados é seminal e definidor da característica humana.*

* Em tradução livre, o trecho continua: "Isso leva à conclusão de que uma sociedade, grupo ou indivíduo que não possua ancestralidade ou algum senso de união e continuidade com o seu passado não está funcionando plenamente como ser humano. O que você acha de sua ascendência, de seus antepassados? Você reivindica a sua própria ancestralidade ou concorda com a observação de Ralph Ellison: 'Algumas pessoas são seus

Essas eram as palavras introdutórias do convite que recebi em setembro de 2013 para uma exposição em Washington, nos Estados Unidos. A partir dali, muitas questões sobre pertencimento, origem e ancestralidade ocuparam minha mente e sensibilidade.

No convite, me pediam que enviasse para a exposição uma fotografia da coleção Kalakuta, que eu apresentaria. Era uma criação inspirada pela biografia do músico nigeriano Fela Kuti, conhecido como pioneiro do afrobeat, além de ativista político e dos direitos humanos. Na coleção, fiz uma homenagem às suas 27 esposas e à sua imagem inovadora, que misturou referências de muitas comunidades tradicionais africanas com elementos cosmopolitas transculturais. Meu objetivo com esse trabalho

---

parentes, mas outros são seus antepassados, e você escolhe o que quer ter como antepassados'? É importante refletir sobre o significado deles na sua vida e na vida de suas comunidades, passado e presente, e como a noção de ancestralidade tem contribuído para o nosso desenvolvimento como seres humanos". ("Ancestors, Guardians and Guides: A Visual Arts and Writers' Exhibition". Estados Unidos, Charles Sumner School Museum & Archives. Curador: Jarvis DuBois.)

era discutir a noção de origem e de pertencimento em meio às identidades que vamos colecionando ao longo da vida.

Ao ler o e-mail com o convite, me peguei pensando que meu trabalho não era necessariamente arte, e por isso talvez não tivesse qualidade suficiente para compor uma exposição num museu fora do Brasil. Naquele momento, eu ainda me cobrava a corresponder aos parâmetros eurocêntricos que aprendi na universidade. Esses componentes curriculares tratavam de um conceito de "belo" universal e de um fazer artístico distante da minha realidade, passível de ser compreendido e criticado exclusivamente por aqueles que "naturalmente" possuíam sensibilidade para fruir uma obra de arte.

Como mulher negra e brasileira, até então eu não me imaginava como parte desse mundo, sobretudo num mundo onde pessoas negras pudessem produzir intelectualidade e se reunir para evocar narrativas exclusivamente feitas por, sobre e para pessoas negras. Infelizmente, mesmo em meio ao impacto da beleza daquele convite e do contexto e importância do evento, a exposição aconteceu sem o meu trabalho, pois não enviei a fotografia.

Demorei a acreditar que uma fotografia de moda criada por mim poderia ser exposta num museu, por isso fiquei apenas com as reflexões que intensificaram questões muito profundas: como foi que eu aprendi um conceito de arte tão estreito e concordei em distingui-lo duramente da minha experiência com moda? Que imagem de artista internalizei, a ponto de me excluir das possibilidades que se abriam? Por muito tempo, a pergunta final daquela carta reverberou no meu coração: você reivindica a sua própria ancestralidade?

Três anos depois, em 2016, um convite semelhante surgiu e encontrou em mim outro posicionamento crítico: a exposição "Water Carry Me Go", no Canadá, trazendo como tema a água, que naquele contexto aparecia como um veículo para dispersão da população negra pelo oceano Atlântico e como fonte de crenças e mitologias — um tópico relevante da nossa identidade como diáspora africana.

A provocação deixada pelo convite "perdido" anos antes se concretizou na criação da peça intitulada Yemonja, um vestido feito com doze metros de organza cristal, tecido transparente e fluido como a água do mar, modelado numa saia recortada em pontas agudas que expressam sua qualidade Ogunté, simbolizando o impacto das fortes ondas nas pedras em dias de mar revolto. Desse fluxo contínuo e da força das águas salgadas como campo de abertura dos meus caminhos mais complexos, veio a ideia do busto, composto de um colete trançado em forma de peixe.

A peça foi feita à mão com tramas de cordões de algodão natural, adornados com fios de seda em tons de azul e prata. As cordas simbolizam também a presença do marujo, fazendo referência às personalidades ligadas à pesca e aos grupos responsáveis por iniciar as primeiras homenagens e festividades para a rainha do mar, Iemanjá, no bairro do Rio Vermelho, em Salvador, onde resido há quase dez anos.

Dessa vez, participando dessa exposição eu pude colocar em prática a importância de reverenciar a minha ancestralidade. Junto a sete outros designers vindos de lugares diversos — Nigéria, Gana, África do Sul, Trinidad e Tobago, Canadá e Uganda —, deixei as águas me conduzirem. Com o aprofundamento do diálogo com grupos artivistas negros de outros países, pude honrar essa e outras oportunidades que sugiram depois, e materializar as ideias que tinha mesmo sem recurso financeiro direto para a execução, mas com o apoio afetivo da minha família e o investimento de tempo e trabalho das mentes, mãos e o coração de muitas mulheres negras que integraram a minha equipe em troca de aprendizado mútuo.

Foi com essas experiências que passei a compreender que, apesar do capital econômico que nos foi interditado, o capital simbólico produzido pelas ações de resistência da população negra brasileira é uma incontável e inesgotável riqueza, que elabora bases para a criação da arte como alicerce e para um desenho de nós mesmas.

Diante disso, a lição que fica é que, para reivindicar a nossa ancestralidade diante da história "oficial" — a qual não protagonizamos —, temos de pensar o que queremos construir como narrativa de origem.

Para isso, se faz necessário analisar como cada hábito ou pensamento que se reproduz de maneira adestrada pelo racismo e pela intolerância religiosa reflete no entendimento sobre a verdadeira noção de ancestralidade e como ela pode contribuir para o nosso desenvolvimento e para a reconstrução da noção de comunidade.

MODATIVISMO: MEIO E INSTRUMENTO DE LUTA

Em uma história onde as mulheres por muito tempo foram proibidas de estudar — sob a justificativa de que o nosso cérebro não resistiria à instrução* —, a presença feminina nas universidades e centros de pesquisa passa a alterar não somente o conteúdo, mas as formas de produção de conhecimento — com as mulheres negras no centro desse grupo.

* O que hoje chamamos de misoginia científica. "Misoginia" é uma palavra de origem grega — país que registrou os primeiros dados ocidentais desta aversão — que significa ódio (*miseó*) às mulheres (*gyné*). Trago aqui o termo em analogia ao racismo científico. No mesmo contexto do século xix, em que se originou o termo "racismo científico" com base nos estudos publicados por Charles Darwin no segundo volume do livro *A origem do homem*, de 1871. Suas teorias apontavam que homens eram superiores às mulheres, assim como os machos de todas as espécies animais. Além de Darwin, diversos outros pesquisadores europeus buscaram ratificar a inferioridade das mulheres com estudos que "comprovavam" a fragilidade feminina, a sua incapacidade para a instrução formal e a sua propensão ao descontrole emocional, com base nas características anatômicas e "doenças" para as quais o tratamento aconteciam por meio de cirurgia, como o exemplo da histeria, cuja cura, dentre outros procedimentos, estava na retirada do útero.

A partir do momento em que aprendemos a ler as informações que estão para além do que é visto e do texto escrito, passamos também a compreender que só poderemos alterar as formas visíveis da criação de mundos e os modos de produção de sentido e de significado a partir dos quais interpretamos a realidade quando modificarmos as pessoas-sujeito de enunciação.

Apenas alterando a ocupação das posições na hierarquia, nos cargos de decisão, e assumindo que o lugar da criação artística também é um lugar de poder, poderemos questionar quem, ainda hoje, tem a autoridade de produzir realidades nomeando e classificando coisas, grupos de pessoas, comportamentos etc. Dessa forma, vislumbraremos uma modificação efetiva nos modos de definição do que é beleza, bondade, higiene, intelectualidade, moralidade, civilidade e, consequentemente, de quais são os corpos passíveis de proteção e garantias de direitos, podendo no futuro construir melhores condições de vida para cada um.

Numa cultura de produção de violência simbólica e material, quem mata e quem morre ainda pode ser definido com certa facilidade, pois as vítimas têm cor, raça, gênero, orientação afetivo-sexual e classe social específicos. Ao colocar a branquitude como superior aos demais tipos humanos, assumimos que o ideal de humanidade está balizado nos moldes de um ser violento. A ausência de modelos de diversidade ainda busca manter escassas as variações de formas de existência, por isso é tão importante situar as nossas produções intelectuais a partir de um saber localizado, como trata Donna Haraway no texto "Saberes localizados".

Considerando a tradição como algo indissociável da permanência através do tempo e do espaço, é com a criação artística, a nossa corporalidade e os parâmetros de beleza e de sucesso oriundos das culturas originárias, ancestrais e milenares que poderemos desconstruir e alterar não apenas os códigos referentes às formas de vestir, mas essencialmente os modos de existir.

A partir da criação, contribuiremos para a desconstrução das imagens que determinam quem detém poder e toma decisões. Por isso, proponho pensar a moda como diagnóstico da mentalidade de um tempo, resultante de quem somos, transformada em desenho e em ação. Por nos fazer acessar, produzir e reproduzir imagens de autoridade ou de subalternidade, ela tem um papel muito relevante nesse processo. Vem daí a importância de uma formação profissional aprofundada e de qualidade, que contribua ao debate político e se comprometa com a promoção da diversidade.

Se a moda nasce como um produto da aparência, através dela também podemos reivindicar a dissociação entre a imagem de mulheres negras e a vulnerabilidade fabricada pelo racismo. No entanto, a produção de outras visões precisa ocorrer alterando efetivamente as práticas sociais vigentes, através da criação de relações horizontalizadas, transformadas em estratégias de empoderamento econômico-financeiro, mas especialmente por meio da construção de políticas públicas que contribuam para a garantia de melhores condições de vida para nós.

3. As práticas do Modativismo

Escrevo este livro pouco mais de treze anos desde o meu primeiro desfile e, mesmo com uma extensa e independente trajetória como designer, sempre me considerei uma pessoa criativa, mas não necessariamente uma criadora/artista. A criatividade tem a ver com reordenar as ideias para gerar resultados diversos. Já a criação faz nascer diferentes ideias compondo novas possibilidades de existência e não pode ser medida apenas pelos resultados visíveis, mas sobretudo pela complexidade dos percursos trilhados até chegar à invenção.

Mas só digo isso hoje, depois de passar anos reinventando e reavaliando meus processos criativos. Identificar os espelhos que me fizeram acreditar que pessoas como eu não poderiam ser artistas e ver quem eu sou verdadeiramente, para além da narrativa do racismo, foi um caminho longo e árduo. Questões que parecem muito abstratas, mas que são centrais e necessárias na vida de qualquer pessoa negra habitante de um país colonizado. Enxergar os modos como internalizamos o racismo e compreender que produzimos subjetividades também a partir das narrativas que nos circundam é muito importante para descortinar a visão sobre nós mesmas e rever as nossas crenças, nossa ética/estética e nossa visão de mundo.

Quando me compreendi artista, precisei assumir que era necessário dar forma às questões que me mobilizaram. Portanto, comecei a criar imagens a partir das referências que eu tinha, mas construídas também com base nas muitas leituras e pesquisas que me fizeram autodidata no campo do design de moda. Meus croquis, por exemplo, desde muito cedo traziam imagens de mulheres negras, corpulentas e com cabelos crespos e black power, supervolumosos. Mas mesmo com a necessidade visceral de invenção, para trabalhar com moda eu entendi que precisaria criar algo diferente e ao mesmo tempo negociar com os padrões impostos nesse campo — que sempre reforçam as características visuais da branquitude.

A produção da beleza como aparato simbólico confere aspectos de condição de humanidade a determinadas pessoas. Diante disso, a ideia de maioria em representatividade atua na construção de modelos de existência, definindo, como tratado por Judith Butler em 1999, quais são os "corpos que importam" mas que não existem isoladamente. Significados de modo a materializar o verdadeiro ideal de humanidade, eles se constituem de maneira dependente do seu oposto, ao passo que os "corpos abjetos", *corpus* de "inadequação e inutilidade", são tidos como incomuns.

Da mesma forma que passamos a nomear a intolerância religiosa como racismo religioso, seguimos antes de tudo na reivindicação de que a sociedade brasileira enxergue e assuma o racismo. Como professora, escuto relatos de estudantes que atuam na escola pública falando que é comum o descumprimento da lei de ensino da história e cultura africanas, a depender da religião da professora ou professor. Esse é um exemplo que nos ajuda a lembrar o quanto a demonização da nossa cultura e ancestralidade são úteis às formas de dominação e o quão distantes estamos da superação das hierarquias raciais.

O EXERCÍCIO DE MODA NO BRASIL

Em 2009, foi assinado um termo de ajustamento de conduta (TAC) entre a São Paulo Fashion Week e o Ministério Público do Estado de São Paulo, sugerindo às grifes que pelo menos 10% das modelos nos desfiles de lançamento de coleção fossem pessoas negras. Outro acordo entre o Ministério da Previdência Social com a empresa Luminosidade — responsável na época pela organização das semanas de moda de São Paulo e do Rio de Janeiro — estabelecia que 10% das modelos de cada desfile precisavam ser, necessariamente, pessoas negras ou de ascendência indígena e, caso alguma marca não cumprisse o acordo, a organização estaria sujeita a uma multa de 250 mil reais. Entretanto, esse TAC durou apenas dois anos e teve fim em 2011.

Mais de dez anos depois, apesar de vermos algumas mudanças, a maioria dos processos que compõem a indústria da moda permanece inalterada. Quando falamos sobre o padrão hegemônico em representatividade, é importante nos atentarmos à materialidade dos discursos. Não apenas aos modos de produção de sentido e de significado abstratos que nos afetam — pois a moda se caracteriza muito mais no campo da imaterialidade do que da materialidade, por se constituir a partir também de processos de interpretação —, mas na construção do vestuário como forma de propiciar uma existência confortável a poucos e estreitos tipos de corpos.

O desenho, o tamanho e a modelagem das roupas também são linguagens que validam a existência de corpos que atendem ao padrão predeterminado e excluem automaticamente aqueles que são considerados fora da norma. Você já parou para pensar no que — e em quem — define os clássicos tamanhos P, M e G?

Na época em que eu tinha loja e ateliê comerciais em Salvador, via de perto o constrangimento das mulheres ao levarem ao provador uma peça de roupa de hipotético tamanho G. Quando não cabiam, eu escutava a culpa traduzida em falas como:

"Preciso emagrecer", "fiquei feia com essa roupa apertada", "estou muito gorda" etc.

Parte dessa norma que exclui corpos diferentes é o que chamamos de tabela antropométrica, um conjunto de medidas que compõem a grade de tamanhos entre PP e XG, criada pela necessidade de simplificar e otimizar etapas de corte e de costura, reduzindo assim os custos de produção. Apesar de ter sido feita com base no estudo das silhuetas mais comuns entre as mulheres brasileiras, a tabela antropométrica é, a priori, excludente, gordofóbica e racista, pois na prática não acompanha o formato curvilíneo do corpo da maioria das mulheres negras, e sim o que é socialmente imposto como belo e padrão.

A construção dessas tabelas vem do campo da antropometria e da ergonomia.* No estudo da ciência das formas no campo da modelagem, pude elaborar uma interpretação excelente, no sentido figurado, do que seria uma "matriz produtora da

---

* Para se aprofundar neste tema, sugiro a leitura do artigo "Medidas antropométricas e o projeto do vestuário", de Icléia Silveira e Giorgio Gilwan Silva.

desigualdade" — como tratamos nas teorias feministas —, e esse desenho fica claro quando pensamos nas roupas que usamos.

Diante disso, desconstruir esse padrão não se refere apenas a considerar a diversidade de medidas corporais, mas também a combater a imposição da magreza como regra social e, junto a isso, a noção do quanto, a partir da construção das imagens de moda, se fazem indissociáveis a magreza, a beleza, a bondade, a higiene e a intelectualidade, compondo o pacote da branquidade.

Sendo assim, muitas vezes precisei declarar a minha responsabilidade como designer, por não ter conseguido criar uma tabela antropométrica específica para a minha marca com base na silhueta de mulheres negras brasileiras e por ainda ter que utilizar aquela disponível nos livros ou nas empresas de confecção que nos atendiam. A construção de uma tabela de medidas exclusiva, naquela época, geraria um custo alto com o qual um pequeno ateliê não poderia arcar. O processo envolveria organizar um grupo de pesquisa para análise de medidas, depois materializar peças-piloto e assim replicá-las na confecção de novas peças.

Hoje, diversas marcas que possuem vendas on-line disponibilizam as tabelas de medidas que podem servir como comparativo nesse estudo. Por mais que um corpo volumoso e curvilíneo — conhecido como silhueta ginoide — seja a característica mais comum nas mulheres negras brasileiras, nos anos de trabalho na minha loja nós tivemos também que nos adaptar à silhueta magra para produzir as imagens "comerciais" que eram de exigência daquele contexto, para assim conseguir dar visibilidade a um trabalho feito por, para e com pessoas pretas.

Do mesmo modo, nos desfiles de que participei como convidada, não existia a possibilidade de, sem dinheiro para custear os cachês das modelos, alterar as silhuetas das profissionais que desfilavam as peças. Por ter recebido um convite, eu era dispensada das taxas de pagamento de estrutura de passarela, equipe de produção, maquiagem, camarim, cachês de modelos etc., que podem totalizar cerca de 300 mil reais para a apresentação de um desfile numa semana de moda no Brasil.

Os desfiles internacionais, especialmente aqueles com produções feitas por pessoas africanas, incluíam também os custos dos voos, hospedagem, alimentação, translado na cidade, além da estrutura de desfile. Todos esses custos, porém, são uma importante ferramenta de apoio ao nosso trabalho, pois demonstram um entendimento das especificidades e assimetrias da população negra afro-diaspórica no que se refere ao acesso a recursos e ao apoio para o trabalho criativo. Nessas passarelas africanas, mesmo aparentando magreza, as modelos altas e curvilíneas vestiam roupas nos tamanhos 40/42, uma diferença relevante no comparativo com as passarelas brasileiras, cujo padrão eram os tamanhos 34/36.

Objetivamente limitado pelo padrão e naturalizado como modo de expressão do que é belo — e consequentemente do que é humano —, o trabalho de estilistas negras perpassa essencialmente a revalorização da nossa beleza, contribuindo com a elaboração de imagens distantes da costumeira violência imposta ao nosso corpo, visto repetidas vezes em posições inferiorizadas.

Como em toda indústria, compreendemos que, literalmente, tempo é dinheiro. Há décadas, o acesso ao vestuário só era possível para pessoas integrantes das classes sociais privilegiadas. Na atualidade, é possível adquirir roupas de qualidade mediana com baixíssimo custo, amplificando as possibilidades de atender às necessidades básicas da população e também às expressões individuais e grupais. Ao mesmo tempo, porém, a nossa imagem e a maneira de lidar com nosso corpo e nossa aparência são uniformizadas, excluindo quem não parece "bonita suficiente" para usar determinados modelos de roupa, apontando como passível de existência digna apenas um seleto grupo de pessoas.

QUAL A COR DA MODA BRASILEIRA?

Desde 2011, tenho ouvido de modelos que trabalham comigo sobre a desigualdade nas passarelas brasileiras. Mesmo tendo a silhueta padrão — alta e magra —, elas relatavam que, ao passar por testes de seleção para desfiles nacionais, raramente eram aprovadas, especialmente para coleções de inverno, sob a justificativa de que "modelo negra só vende no verão", ou "você tem curvas demais para ser modelo", ou "se não alisar o cabelo, não vende, pois o seu nariz é largo demais". Algumas delas trabalharam fora do país com muito êxito depois dessas negativas no Brasil, inclusive em cenários tradicionais, como a Fashion Week de Nova York.

Foi em 2014, quando participei da Dragão Fashion Brasil, na cidade de Fortaleza (CE), que entendi a materialidade do TAC, citado anteriormente. Para esse desfile, criei a coleção Fluxus — inspirada na minha experiência no Senegal no ano anterior —, e esse foi o ponto de partida do projeto Modativismo. Mesmo tendo sido realizado no nordeste brasileiro, era comum a apresentação da cota mínima de modelos racializadas: numa passarela onde desfilavam cerca de vinte modelos, apenas duas eram negras e, mais raro ainda, indígenas.

A coleção Fluxus falava sobre a diáspora africana e, naquele contexto, sobre como os nossos cabelos, enquanto elemento de linguagem, geram identificação entre mulheres negras de origens diversas. A obra de inspiração foi a série fotográfica "Hairstyle", do artista nigeriano J.D. Ojeikere, que registrou as tranças geométricas e tradicionais da Nigéria em 1968.

No entanto, com a sub-representação de pessoas negras na passarela — o que fazia com que modelos loiras desfilassem roupas e estilos pensados por e para mulheres negras —, a referência e o foco da coleção foram inevitavelmente prejudicados. Isso me fez entender e problematizar ainda mais a limitação da expressão de discurso político por meio da moda.

Nas entrevistas concedidas depois do evento, problematizei a ausência de mulheres negras ou indígenas nas passarelas e, acessando as matérias de cobertura, percebi que tive razoável apoio entre jornalistas presentes. Com o sucesso do desfile, fui prontamente convidada a participar da edição seguinte. Confiante, preparei um novo projeto de coleção e enviei, mas bastante tempo se passou sem que eu recebesse a confirmação da minha participação. Enviei um e-mail questionando, e as respostas vagas, que apenas postergavam a negativa, me fizeram entender que aquela oportunidade não estava mais disponível, talvez pela perturbação causada à "normalidade" do evento.

Naquela época, a maioria das coleções tratava de assuntos superficiais, e eu havia mandado um projeto que problematizava mais uma vez questões envolvendo a cultura afro-brasileira, o colonialismo e as hierarquias raciais. Mesmo entendendo, de maneira subliminar, quais foram as razões para a exclusão do meu nome daquele *line-up*, guardei a pesquisa e os croquis.

Para a minha surpresa, alguns meses depois eu fui convidada a representar o Brasil na Black Fashion Week de Paris em 2015. Mais uma vez, era uma porta que se fechava aqui, diante de outras muito relevantes que se abriam no âmbito internacional. Essa experiência constatou a eficácia desse produto social do racismo brasileiro: a invisibilização estratégica das produções de pessoas negras. Comecei a compreender que não ter reconhecimento ou visibilidade no meu trabalho como artista não se referia à qualidade dele, mas ao fato de ser feito por uma mulher negra nordestina.

Num país que não assume o racismo, os modos de determinação e valoração dos fazeres artísticos não acontecem amparados em análises objetivas, mas muito subjetivas, que consideram antes de tudo a origem de quem os faz. Isso fica claro na desvalorização dos produtos têxteis artesanais, que demandam muitas horas de trabalho e técnicas sofisticadíssimas, que fazem uso tanto do raciocínio lógico como do potencial de criação artística e intelectual. Porém, por ser um saber majoritariamente constituído por mulheres não brancas e pobres, passa pela desvalorização que inclui também a possibilidade de apropriação cultural sem limites.

Por esse motivo, é imprescindível para o reconhecimento do caráter ativista da moda que não nos atenhamos apenas às características étnico--raciais das pessoas que a criam e nem apenas à análise dos resultados de imagem de moda apresentados, mesmo feitas com modelos negras, por exemplo. Essencialmente, é importante o processo que antecede a construção da imagem, analisando como essas etapas de construção revelam mais do que o resultado visível pode registrar. No ambiente criativo infelizmente também estamos passíveis a reproduzir a dinâmica vigente na sociedade brasileira, que coloca mulheres negras no lugar de meras executoras acéfalas.

Processos criativos respeitosos à nossa ancestralidade e cultura perpassam a valorização do trabalho de pessoas pretas em todas as suas etapas e posições. Também compreendem que as etapas de confecção não são mera prestação de serviço, por exemplo, e que o envolvimento na construção coletiva de resultados é imprescindível para que a aprendizagem, tanto de repertório de pesquisa como de técnicas de acabamento e beneficiamento de produto, seja não apenas transformadora da qualidade e dos modos de interpretação das peças criadas, mas catalisadora do entendimento de que a moda é um meio de materialização de ideias e debates que, por sua vez, são políticos.

A MATERIALIDADE DO RACISMO NA MODA

Com o estreitamento das oportunidades, percebi que tinha apenas duas opções: desistir do meu sonho ou tentar usar a arte para dar forma a algo novo que me permitisse expressar imagens diferentes do padrão. Afinal, se eu não me sentisse potente o suficiente para nem sequer modificar o universo mais próximo a mim, não poderia seguir atuando em meio a tantas práticas racistas já constituídas.

Nessa época, passei a aprimorar minhas análises sobre o reflexo da pirâmide social brasileira na moda. Foi dentro dos camarins que eu observei a lógica de que o homem pensa e a mulher executa. A figura do homem branco, cisgênero, heterossexual, magro, urbano e letrado ocupa a posição central da produção de intelectualidade. Num patamar abaixo se encontram as mulheres — geralmente brancas e cisgênero —, que ocupam, em sua maioria, posições atreladas ao cuidado, trabalhando como produtoras de moda, camareiras etc.

Nesse contexto, assim como outros marcadores sociais, como classe, geração e capacidade física, a raça intensifica a subalternização. Na indústria da moda no Brasil, o lugar de produção manual e de trabalho braçal por muito tempo foi ocupado por pessoas não brancas, muitas vezes expostas a condições desumanas de trabalho análogo à escravização.

Durante algum tempo, participei como produtora voluntária de alguns desfiles de moda em Salvador e em Feira de Santana. Mais tarde, depois de fazer um curso de moda masculina com um reconhecido designer, eu e outras duas alunas tivemos a oportunidade de sermos produtoras no camarim de um desfile dele na São Paulo Fashion Week de 2005. Antes, as experiências que eu tive eram pouco ou nada participativas, então esta foi muito relevante pela horizontalidade do processo de ensino e aprendizagem que ele propunha. Naquele espaço, lembro da receptividade da equipe, do tratamento respeitoso e do acolhimento do designer. Mas lembro também de sermos as três únicas pessoas negras presentes — entre modelos, estudantes e profissionais de moda. Tanto ali como na Bahia, onde as pessoas negras compõem maioria numérica, as pessoas brancas estavam mais presentes e ocupavam praticamente todas as posições de poder e de decisão — e aqui me refiro tanto à atuação implícita dos empresários quanto ao poder explícito de construir imagens.

A partir dessa experiência prática, comecei a ver esses espaços como campo de observação. Eles me ajudaram a compreender por que diversas portas continuavam fechadas para o meu trabalho, que sempre incomodou muita gente por questionar e problematizar questões relativas à desigualdade. Assim, tive que entender definitivamente que, sem alterar o conjunto de pessoas que ocupam lugares de decisão e de poder no campo da criação em moda, não seria possível modificar ou redistribuir o campo de oportunidades. Desse modo, passei a analisar de que forma eu poderia contribuir para a formação de mulheres negras que pudessem ocupar esses espaços, como uma extensão das práticas de reivindicação da nossa autonomia.

MODATIVISMO: CAMINHOS PARA A CONSTRUÇÃO DE UM CONCEITO

Entre 2008 e 2015, fui docente nos cursos técnico, de graduação e de pós-graduação em design de moda em Salvador, cidade onde se encontra, numericamente, a maior população de pessoas negras fora do continente africano. Apesar desses dados, poucas delas faziam parte do ambiente acadêmico, tanto no corpo docente como no discente. Com o passar dos anos, em um contexto político que oportunizava bolsas de estudos e programas de financiamento estudantil — pois na Bahia os cursos de moda aconteciam exclusivamente em instituições privadas de ensino — e com o surgimento dos cursos tecnólogos, mais curtos e baratos, pude ver ingressar mais pessoas negras, especialmente mulheres.

Sabemos que, no Brasil, sob a perspectiva da interseccionalidade — como problematiza Carla Akotirene com base nas teorias de diversas mulheres negras, dentre elas Kimberlé Crenshaw —, fatores como raça, gênero e classe social, além da imagem, origem e religião, dentre outros marcadores sociais das diferenças,* ainda são indissociáveis.

Nos meus primeiros anos como docente, eu percebia como as faculdades de moda eram elitizadas e espelhavam o que víamos na atuação profissional: um desfile de corpos brancos padrão.

---

* Refiro-me às marcas de identidade que anunciam a nossa posicionalidade. Características sociais como raça, gênero, orientação afetivo-sexual, classe social, geração, dentre outros, são marcadores indissociáveis que nos localizam numa determinada camada da sociedade. Num processo de coexistência, eles se interpenetram, alterando trajetórias e expectativas de vida, dentre outras questões referentes às desigualdades. Como a própria expressão diz, podemos pensar em marcas ou etiquetas para compreender o termo "marcadores", assim como, a partir da palavra "posição", compreendemos a ideia de posicionalidade.

Naquele contexto, meu maior desafio era romper a hegemonia materializada pela branquitude — conceito debatido pela psicóloga Maria Aparecida Bento — e desconstruir a ideia de que ela por si só dava um selo de qualidade a qualquer trabalho ou teoria ali compartilhados.

Com a mudança paulatina de cenário, passei a observar como os aspectos relativos à autoimagem, representação e representatividade eram fios condutores de energia criativa, podendo definir a perspectiva profissional de cada estudante e, consequentemente, a trajetória de vida de mulheres negras. Ciente da importância de produzir imagens positivas de autoridade e de representatividade sobre pessoas negras, passei a pesquisar conteúdo de maneira independente para construir minhas disciplinas de teoria da moda, história da moda, planejamento de coleção, fotografia de moda, styling, consultoria, entre outras.

As propostas de metodologia do design existentes até aquele momento apresentavam pouco entendimento do papel central da pessoa/cultura nos processos de construção de projetos. Por outro lado, pela perspectiva da decolonialidade* — como discute a artista colombiana e teórica feminista lésbica Ochy Curiel —, a produção de sentido e de significado não deve ser vista como algo universal ou homogêneo.

Diante disso, a cada nova turma era proposto um percurso metodológico a partir das características do grupo e das suas necessidades. No contexto em que lecionei, pude observar que a maioria das pessoas que estudavam moda não eram as "fashionistas" do imaginário popular, mas pessoas interessadas em se aprimorar nos saberes e fazeres centrais da produção, sempre desvalorizados sob

---

* Decolonialidade se refere à desconstrução da colonialidade, compreendendo-a como uma estrutura permanente e resultante do colonialismo, que, como uma ação em determinado tempo/espaço, justificaria o termo "descolonial". Escolho o termo "decolonizar" e não "descolonizar" com base na produção intelectual dos feminismos negro, interseccional e de Abya Yala, que questiona o padrão histórico de poder em que está disposta a colonialidade, o capitalismo, o Estado-Nação e o eurocentrismo. O termo "decolonial" provoca a reflexão sobre a impossibilidade de reverter as violências do período colonial, fazendo emergir uma luta contínua e insurgente contra a colonialidade do poder.

o olhar binário e assimétrico que coloca a intelectualidade mental como superior à manual.

A maioria das minhas estudantes já atuava como costureira com experiência profissional em seus bairros, igrejas, terreiros ou marcas de moda anos antes de ingressar na graduação. Muitas delas, com uma faixa etária mais avançada que grande parte das estudantes de graduação, relataram que não se viam como potenciais alunas de ensino superior, por conta dos diversos estereótipos de gênero e de raça sob os quais aprenderam a enxergar a si mesmas.

MODATIVISMO E LABORATÓRIOS DE CRIAÇÃO: PROCESSOS CRIATIVOS DECOLONIAIS

Meu ingresso como docente no ensino superior em design de moda também me permitiu colocar em prática as reflexões e as pesquisas sobre hierarquias raciais, estudos feministas e de gênero, integrados aos processos criativos e produtivos no meu ateliê. Sempre combinei minhas práticas artísticas com uma reflexão sobre as matrizes produtoras das desigualdades e o papel dos marcadores sociais das diferenças no potencial criativo humano. Isso resultou na produção de artigos e roteiros de metodologia do design que respeitassem o que acredito no campo da diversidade, sob a perspectiva decolonial.

Para espelhar o aprofundamento no campo das reflexões teóricas, também fui alterando meus saberes/fazeres como designer de moda autoral, e, no ano de 2013, como docente pude efetivar importantes laboratórios coletivos para criação, que me permitiram mensurar na prática os efeitos da experimentação teórico-metodológica que propus, ao longo dos anos, nas minhas disciplinas.

Como já comentei, em 2013 fui convidada para representar o Brasil na Dakar Fashion Week, no Senegal. Entretanto, meu ateliê estava fechado desde que eu ingressara como docente no quadro permanente da UFBA. Sem estrutura física e apoio financeiro para a construção da coleção, compartilhei o desafio com colegas do curso de design de moda de uma faculdade privada onde ensinava, e transformamos a nossa sala de aula num laboratório de projeto de design, confecção e styling.

Com o apoio da coordenadora do curso, envolvemos as estudantes de duas turmas da graduação no acompanhamento de todas as etapas do trabalho, bem como na confecção das peças e acessórios para a criação da coleção Linhas Vivas, que seria apresentada em dois blocos no evento africano. Foi muito enriquecedor analisar, junto com elas, as possíveis temáticas das coleções, levando em consideração as restrições projetuais e aquilo que passei a chamar de "endereçamento": a análise do contexto político-cultural em que o evento se insere como elemento definidor dos parâmetros de design.

Por meio do debate sobre o contexto cultural do evento, construímos uma reflexão prévia para situar conceitualmente a coleção, definindo a partir disso os modos de confecção, bem como os elementos de styling e a trilha sonora, tornando as estudantes e colegas docentes partícipes da criação dè uma obra coletiva. Mais tarde, na minha pesquisa de doutorado, a esse conjunto de práticas eu dei o nome de "modativismo".

Sob essa perspectiva, pude refinar o entendimento de que, além de construir repertório cultural que pudesse orientar práticas feministas e antirracistas no design de moda, a criação do campo de experimentação prática pôde fazer com que as pessoas envolvidas enxergassem verdadeiramente o seu potencial. Isso por meio da oportunidade de elaborar um trabalho coletivo dentro das exigências de uma semana de moda internacional, que estava situada num contexto cultural riquíssimo, mas pouco conhecido por nós, por ter sido invisibilizado pelo racismo brasileiro — só tínhamos referência prévia de moda europeia e estadunidense.

As diversas descobertas atreladas a essa experiência foram tão positivas que desde o ano de 2013 fomos aprimorando os modos de construção coletiva no que chamo de "processos criativos decoloniais".

Em 2014, repetimos a experiência para criar a coleção Fluxus, apresentada na primeira semana de moda brasileira da qual participei. Entre os debates preparatórios para a escolha dos materiais a serem utilizados, estudávamos conceitos como raça, racismo, gênero, sexismo e cultura afro-brasileira. Numa dessas ocasiões, uma estudante questionou, ao analisarmos um vestido bordado por uma das artistas da equipe, se eu iria mesmo usar os búzios em meio aos paetês e adereços de madrepérola tão refinados que já estavam ali, sob a justificativa de que "os búzios são coisa de pobre". Naquele momento, foi necessário parar a produção no ateliê para que pudéssemos debater questões como: o que é coisa de pobre? Como se define e por que se desvaloriza a pessoa vista como pobre? Quem somos nós e qual classe social ocupamos? Qual é a cor da pessoa pobre no Brasil? Qual é a nossa cor?

Debates como esses eram comuns na minha sala de aula e lembro que não geraram nenhum tipo de tensão permanente na turma. Isso ocorreu pois esses momentos de abertura e crescimento coletivo eram tidos como tão importantes quanto a experiência prática de preparar uma coleção para um desfile de grande porte. Para que as mulheres envolvidas no processo criativo compreendessem o impacto do lugar social sobre a interpretação das peças, foi necessário estimular e ampliar o entendimento da moda como um campo potente de produção e de expressão, e consequentemente co-

.

mo um elemento indispensável para a transformação de ideias classistas e racistas, como aquelas reproduzidas pela estudante.

Sob a perspectiva da moda como esfera legítima de contribuição à luta feminista interseccional e antirracista, muitas das estudantes passaram a integrar a minha equipe fixa de criação. Elas me acompanhavam desde os laboratórios colaborativos para a preparação das coleções apresentadas nas passarelas nacionais e internacionais até as etapas de circulação internacional nas galerias de arte. Dessa maneira, foram se profissionalizando para as fases de prestação de serviço de criação/colaboração artística.* Assim, ao olhar de dentro para fora, puderam compreender as assimetrias sociais

---

* O laboratório criativo em moda afro-brasileira que criei já recebeu mais de cem artistas iniciantes do Brasil. Com a equipe do projeto Modativismo, composta de cerca de trinta pessoas, assinei o figurino do filme sobre Lina Bo Bardi (2018), do artista inglês Isaac Julien e do musical em turnê nacional *Brasilis: Circo Turma da Mônica* (2019), sobre diversidade cultural brasileira. Também criei junto ao núcleo permanente do Modativismo — Adriele Regine, David Santos, Anderson Paz e Nanci Meire — o figurino "O Uniforme que nunca existiu", homenagem da Centauro para a atleta Aída dos Santos em 2021.

que sempre relatei e começaram a questionar como a expressão ativista em meu trabalho limitou as possibilidades de uma visibilidade nacional, mas impulsionou uma projeção internacional.

Por meio dessa experiência, compreendemos que para que uma revolução seja eficaz é necessário alterar e decolonizar as bases de construção do pensamento na área da moda. Isso, porém, só será possível com a promoção efetiva da diversidade, que deve estar aliada à implementação de ações afirmativas e, consequentemente, à presença de pessoas de variadas origens e identidades. Só assim poderemos romper com o padrão hegemônico da branquitude e produzir uma multirrepresentação de corpos e identidades, contribuindo para a efetivação do papel social que a moda deve prestar.

A luta antirracista requer um amplo debate e é muito mais complexa do que é possível abordar num texto ou numa coleção. Essencialmente, envolve a implementação de ações práticas que visem à divisão igualitária de oportunidades entre todas as pessoas e produzam uma transformação profunda na nossa forma de pensar. Contando com a contribuição da moda e dos demais setores da sociedade civil para constituir imagens de autoridade e de intelectualidade relacionadas à produção intelectual de mulheres negras, almejamos que, diante da complexidade de um problema de dimensão estrutural e de aspecto estruturante como o racismo, possamos construir um avanço em direção à reparação dessa dívida histórica.

Dentre as diversas intelectuais negras que tenho como referência, destaco Patricia Hill Collins, que no artigo "Aprendendo com *a outsider within*"* aborda o fenômeno da nossa vida fora do espaço minúsculo que a história produzida pelos brancos criou. A autora observa como o lugar de marginalidade que nós, mulheres negras, temos sido

---

* Termo sem tradução que produz o sentido de uma pessoa "infiltrada". Aquela estranha/integrada que não faz parte completamente do campo de sociabilidade por conta da posição desigual e, portanto, terá a existência sempre marcada como diferente, num jogo que sustenta as hierarquias raciais nas Américas. A própria autora atuou como empregada doméstica na sua pesquisa e o termo foi constituído a partir do olhar de uma mulher negra e intelectual que, ao ocupar aquela função, foi destituída completamente das diversas camadas de identidade que complexificam sua existência, sendo segregada e, com isso, impedida de constituir outras camadas de subjetividade.

historicamente obrigadas a ocupar tem sido transformado criativamente pelas intelectuais, a partir da possibilidade de expressar um ponto de vista único e particular. Ao adotar uma perspectiva interseccional, Collins destaca a necessidade de autodefinição e a importância da cultura de mulheres afro-americanas:

> Uma segunda razão pela qual a concentração na cultura das mulheres negras é importante deve-se ao fato de destacar a natureza problemática de conceitualizações do termo "ativismo". Enquanto a realidade das mulheres negras não pode ser compreendida sem dar a devida atenção à natureza interligada das estruturas de opressão que limitam sua vida, as experiências das mulheres afro-americanas sugerem que possibilidades de ativismo existam mesmo dentro dessas estruturas múltiplas de dominação. Esse ativismo pode assumir diversas formas. Para mulheres negras sob condições muito inflexíveis, a decisão no foro íntimo de rejeitar definições externas da condição feminina afro-americana pode ser em si

uma forma de ativismo. Se mulheres negras se encontrarem em configurações sociais nas quais a conformidade absoluta é esperada, e onde formas tradicionais de ativismo — como votar, participar de movimentos coletivos e ter cargos públicos — são impossíveis, então a mulher individual que em sua consciência escolhe ser autodefinida e autoavaliada é, de fato, uma ativista. Elas estão mantendo o controle sobre sua definição enquanto sujeitos, enquanto seres humanos plenos, a rejeitarem definições delas próprias como "outros" objetificados.*

Situada no contexto estadunidense, a autora trouxe uma rica contribuição para ajudar a pensar as minhas ações como modativista. Ao me auxiliar a compreender de dentro para fora as estratégias da branquitude e o que eu produzo inserida nesse contexto, Patricia Hill Collins me fez ver o

---

* Patricia Hill Collins, "Aprendendo com *a outsider within*: A significação sociológica do pensamento feminista negro". *Sociedade e Estado*, Brasília, v. 31, n. 1, pp. 113-4, jan./abr. 2016.

meu papel de provocação às fronteiras quando reivindico a minha própria narrativa — feita com e para outras mulheres negras. Estendendo a elas, assim, a possibilidade de materializar a nossa autoavaliação, em um lugar distante das lentes definidas pelas matrizes produtoras das desigualdades, mas, ao mesmo tempo, inevitavelmente moderada por elas.

Mais do que isso, ao nos provocar a pensar que o enfrentamento começa pelo nosso próprio deslocamento como ato de insurgência, sua reflexão amplia a compreensão do nosso papel na luta antirracista e feminista como um todo, quando diz:

> Pessoas que se veem como plenamente humanas, como sujeitos, se tornam ativistas, não importa quão limitada seja a esfera de seu ativismo. Ao devolverem a subjetividade às mulheres negras, as feministas negras lhes devolvem também o ativismo.*

---

* Ibid., p. 114.

4. Modativismo:
Ultrapassando fronteiras

O encontro com outras mulheres negras e ativistas de atuação internacional foi marcante no direcionamento da minha carreira como artista e modativista. Ao final de 2012, eu e Solon Diego — talentoso estilista baiano e grande amigo que nos deixou em 2020 — organizamos A-loja, um evento multilinguagem que reuniu trabalhos de design, moda, arte, gastronomia e música em quatro andares de uma casa onde se construiria o Lálá — casa de arte idealizada por Luiz Ricardo Dantas.

Enquanto expunha a linha comercial da loja que mantive em Salvador entre 2010 e 2013, fui abordada por uma bela senegalesa que me entregou um cartão escrito "Black Fashion Week". Era Adama Ndiaye, que visitava a cidade nas férias aproveitando para mapear estilistas negras e negros com potencial criativo para os seus eventos. Ao ler o cartão, me desculpei, pois ali nas araras estavam expostas algumas peças de roupa bem básicas e ligadas às "tendências do verão", justificando que, por causa da loja, tivemos que nos adaptar para aumentar as vendas, ao que ela respondeu: "Todas nós precisamos sobreviver, querida!".

Apresentei o portfólio da coleção Kalakuta, a mais recente naquele momento, que marcava um posicionamento político já bem explícito sobre a ligação entre moda, relações de gênero e lutas antirracistas. Nos despedimos, ela transitou pela casa e conversou com designers de outras marcas e na semana seguinte ela visitou minha loja. Observando atenta todos os detalhes, Adama analisou o acabamento das peças das coleções, eu mostrei as imagens das passarelas anteriores e expliquei os recortes de pesquisa e os processos que envolviam as criações. Depois disso, antes de ela voltar ao Senegal, nos encontramos para conversar mais algumas vezes sobre o mercado de moda local e as possibilidades de realizar um evento em Salvador.

Quatro meses depois, recebi seu e-mail me

convidando para representar o Brasil na Dakar Fashion Week em junho daquele ano. Sua escolha, segundo ela, foi pautada na seleção de criadoras e criadores de moda que expressam a diversidade cultural do país de onde vêm. Enquanto estava em Salvador, ela também perguntou a outras pessoas, profissionais da área e diretores de centros culturais internacionais sediados na Bahia, o que achavam do meu trabalho. Seria a primeira vez que teriam no *line-up* uma designer brasileira e, pelo convite, percebi que ela viu as minhas criações como aliadas às práticas antirracistas.

Impactada com o convite e comovida pela possibilidade de pisar pela primeira vez não só em solo estrangeiro, mas africano, o desafio agora era viabilizar duas coleções de dez looks em tão pouco tempo e arrumar dinheiro para custear apenas a passagem de avião — pois chegando lá teria toda estrutura de hospedagem, alimentação, translado interno, casting, produção de moda e passarela prontas. Eu sabia que trabalhar com moda demandava uma estrutura financeira razoável que nem eu nem minha família tínhamos, então disse a Adama que seria necessário analisar os custos de deslocamento antes de confirmar a minha participação, e ela me respondeu: "Faça o dinheiro, é assim que eu realizo meus desfiles".

Essa resposta foi uma importante provocação e, mesmo sem conseguir vislumbrar caminhos para fazer esse dinheiro em tão pouco tempo, pude visualizar outros tipos de apoio que pudessem me ajudar a realizar o meu sonho. Resolvi acreditar naquela oportunidade e aceitar o convite — que jamais imaginei que eu pudesse receber ou mesmo que existisse.

Como mencionei no capítulo anterior, um laboratório criativo coletivo e colaborativo foi o responsável pela criação da coleção Linhas Vivas, que apresentei no desfile. Analisando fotos das edições anteriores, nos surpreendemos ao perceber que não sabíamos nada sobre a moda africana contemporânea e que aqueles trabalhos — cujas criações e marcas jamais foram noticiadas no Brasil — eram muito superiores em qualidade e mais complexos em termos de técnica e expressividade estético/cultural do que qualquer coisa que já tínhamos visto nas passarelas brasileiras.

Portanto, passamos a construir estratégias para que, mesmo sem um bom conhecimento sobre as culturas senegalesas e a moda africana, eu pudesse levar uma coleção que focasse a qualidade da confecção, na excelente aplicação de materiais e na não imitação da cultura africana. Para mim, como ativista, foi muito importante reconhecer na prática e assumir no processo criativo aquilo que Fela Kuti declarou na abertura de um show em Berlim em 1979. Em tradução livre:

> Eu quero me apresentar como africano. Eu quero que você olhe para mim como algo novo, sobre o qual não tem nenhum conhecimento. Porque a maioria — 99,9% — das informações que você recebe sobre África estão erradas. Alguém me diz: "Se você é africano, por que está usando vestes europeias?". E eu digo: "Você não pode dizer que são vestes europeias porque isso é uma questão de história e é apenas uma discussão para um simpósio no futuro".

Seja aqui ou no Senegal, não quero e nem posso me apresentar como africana. Sou brasileira, constituída pelas violências que formaram esse país, e, assim como Fela, quero que as pessoas olhem para mim como algo novo, sob a ótica daquilo sobre o qual elas não têm nenhum conhecimento. A maioria das informações sobre ser mulher negra no Brasil ou na Bahia está errada, pois poucas das narrativas foram escritas por nós mesmas. Nessa apresentação, Fela Kuti vestia roupas com design de alfaiataria — calça, camisa e blazer — e, comentando sobre seu traje, informou que nem mesmo suas vestes poderiam ser interpretadas com um olhar europeu, pois, feitas em wax — que no Brasil apelidamos genericamente de tecido africano —, passam a ter um outro significado.

Desse modo, mesmo ciente de que eu tive poucas oportunidades de construir um repertório à altura daquela passarela, entendi que aquele convite me convocava a um ato de responsabilidade. Era uma oportunidade sem precedentes de compor, com aquelas pessoas pretas de diversos lugares do mundo, uma alquimia que pudesse metamorfosear — em uníssono — a nossa noção de memória, história e culturas africanas. Afinal, em se tratando de uma experiência compartilhada com cerca de vinte pessoas, certamente os reflexos não se limitariam a mim.

Diante disso, optamos por, através da *moulage* e da técnica de desenho e costura com alfaiataria — inspirados também na provocação de Fela —, compor uma coleção em tecidos de alta qualidade, expressiva e com grandes blocos de cor. Os desenhos evocariam formas geométricas tridimensionais, oriundas das pesquisas sobre a visualidade de comunidades tradicionais africanas, como as Ndebele da África do Sul, mas sem os ornamentos que as caracterizam, para não fazer a apropriação cultural que sempre criticamos.

Os blocos geométricos dos croquis nos lembrava traços do trabalho de artistas brasileiros neoconcretistas, como Hélio Oiticica e Lygia Clark. Porém, o uso foi intencional para remeter a uma questão central: como Salvador — cidade histórica, célula inicial da invasão colonial, que configura a invenção do país que conhecemos hoje — pôde ser totalmente invadida pelo concreto, por prédios de arquitetura monótona e repetitiva, em detrimento da preservação dos casarões e lugares históricos? Ao mesmo tempo que o desenho urbano se materializou pela proximidade com as comunidades de ocupação desordenada, onde uma esmagadora maioria de gente preta desenha uma arquitetura orgânica não linear. Esses percursos de ocupação traçam caminhos emaranhados completamente imprevisíveis e demonstram modos de resistência que não são passíveis de contenção, como pretendem os poderes hegemônicos.

Além dos blocos de cor, as peças secas e com traços precisos surgiram acompanhadas de turbantes feitos com cordões pesados que ornavam a cabeça como uma coroa, acompanhados de braceletes e acessórios para os pés, também compostos de tramas artesanais, criadas por Ju Fonseca, uma ex-aluna minha que naquele momento retornava ensinando às turmas ingressantes suas técnicas. Os enormes colares que adornavam a parte superior das peças, confeccionados com cordões de algodão cobertos com fios de seda, eram um dos elementos centrais da coleção, como declarava o press release:

O ambiente urbano na cidade de Salvador tem sido tomado pelo concreto e pela geometria árida que concorre com as linhas orgânicas constituídas pelo uso que a população faz da cidade. O movimento das pessoas nas ruas, as contraposições visíveis entre bairros que abrigam comunidades de classes sociais e culturas distintas, o desenho formado pelos veículos e luzes no trânsito visibilizam as linhas orgânicas que constroem uma cidade viva e assimétrica em meio ao concreto estático. Em 1954, Lygia Clark publica *A descoberta da linha orgânica* e registra seus experimentos com formas geométricas e blocos de cor. A coleção Linhas Vivas parte do contraponto entre linhas retas e curvas, da forma tridimensional à unidimensional, da superfície lisa à textura rústica, do moderno e do tradicional. Assim apresenta um redesenho de alfaiataria, bem como peças escultóricas na sua modelagem e outras minimalistas, mas com adição de espessos cordões trançados manualmente que formam singulares adornos corporais. O corpo e seu desafio ao vestir-se e tornar-se urbano ou "civilizado" ocupam um lugar de centralidade no conceito dessa coleção e assim pele e têxtil passam a ter a mesma importância em looks com transparência, decotes e linhas abertas.

A experiência no Senegal foi muito maior e mais engrandecedora do que os obstáculos e desafios de ser uma mulher negra, jovem e de origem pobre do interior da Bahia cruzando sozinha o oceano Atlântico em direção a Lisboa, depois para Dakar, carregando, além das malas pesadas contendo as duas coleções prontas — bem passadas e organizadas com carinho pela equipe —, alguns quilos de cordões tramados como elementos de styling.

Os cordões chamaram atenção nos aeroportos por onde passei e a todo momento eu tinha que ir a uma sala reservada para ter as malas revistadas. Não apenas pela forma incomum como apareciam no raio X, mas porque sabemos que sob o olhar do racismo é incomum uma mulher negra fazer viagens internacionais, pessoas com o meu "perfil" eram geralmente tidas como suspeitas de tráfico de drogas.

Foi a consciência sobre os aspectos deterministas que envolvem as ações de segurança pública que me deixou estranhamente tranquila nas abordagens e não levar para o lado pessoal, pois, de posse de jornais que noticiavam a minha participação no evento, eu tinha como comprovar o motivo, o destino das peças e a veracidade da narrativa.

Um desses jornais foi distribuído na entrada do voo para Lisboa, e foi bem significativo me ver num destaque naquele importante veículo de comunicação no exato momento da travessia. No entanto, a importância daquilo também me trouxe uma sensação muito estranha de, entre as pessoas presentes naquele avião, ser a única mulher negra — e, logo, de ser invisível.

Ao mesmo tempo, muito atenta a esses detalhes, crescia a noção da dimensão daquele passo/voo, não apenas rumo ao redirecionamento da minha história, mas também ao rememorar outras mulheres pretas que, compartilhando a mesma origem e ideais semelhantes, puderam investir sua crença, sua intelectualidade, sua força, a qualidade de seu trabalho e, acima de tudo, a grandeza de seus corações para me ajudar a concretizar aquele sonho. Um passo dado sem retorno, responsável por mudar tudo que eu compreendia sobre mim e sobre a minha origem, mas, principalmente, sobre a minha/nossa potência.

Uma cena muito marcante para o redesenho da minha ideia de negritude e de feminino foi a que citei no capítulo 1: uma mulher vendendo frutas, trajando um vestido e um turbante verdes, feitos com tecido wax e cobertos com paetês prateados. Ter avistado aquela divindade a caminho do desfile na periferia de Dakar foi impactante, pois levou a compreender como o poder colonial nos ocultou, sobretudo esteticamente. Mesmo trabalhando numa esquina de um bairro periférico com pouca estrutura urbana entre mangas e outras frutas à venda, ela estava muito bem-vestida, belíssima e com o semblante tranquilo. Essa visão me fez olhar o que eu vestia e compreender que nada sabia sobre moda e muito menos sobre bem viver. Na época eu não tinha acesso a um celular com boa câmera fotográfica para registro, mas a grandeza daquela imagem segue gravada na minha mente com todos os detalhes.

Da participação no evento e da estadia no Senegal, guardo as melhores memórias, especialmente a recordação de um dos desfiles que fizemos em Guédiawaye para uma plateia de 25 mil pessoas no festival de música da África TV. Esse foi um dos momentos mais bonitos que já vivi como artista e como mulher negra. Na periferia da cidade, as vestes tradicionais da cultura muçulmana se fazem ainda mais presentes, e naquela profusão incrível de cores foi inesquecível a quantidade e a diversidade de pessoas pretas na plateia.

As mulheres com roupas de cores intensas contrastando com o tom de pele, especialmente, me lembravam as vezes que escutamos coisas do tipo "mulher negra não pode usar batom vermelho", "roupas com cores fortes chamam muita atenção", "cabelo trançado é coisa de pobre", "cabelo natural tem aparência de sujo", dentre outros absurdos. Comentários que por muito tempo guiaram não apenas a construção da nossa aparência, mas acima de tudo construíram uma ideia negativa sobre nós mesmas, tão reducionista e limitadora que muitas vezes nos vimos imitando o padrão branco, num desconforto e senso de inadequação permanentes.

Apesar desse contexto, fui surpreendida com um enorme outdoor ao lado do maior ponto turístico da cidade, onde era exposta uma propaganda de cremes clareadores de pele, mostrando o antes e depois com uma modelo albina de cabelos alisados e vestes ocidentalizadas. Vislumbrar tamanha ignorância me motivou mais a reivindicar conhecimento de qualidade sobre o nosso continente originário, de modo que retomei minhas pesquisas sobre culturas africanas e afro-brasileiras.

Durante a estadia em Dakar, vivi o impacto de ver os looks e as performances de jovens nas casas noturnas, com uma habilidade ímpar de juntar a estética do lugar de existência ao lugar de origem com o uso de produtos de luxo de marcas brancas europeias, dos países colonizadores. Aquilo era algo novo para mim, não somente pela adoção da aparência imposta e considerada melhor ou mais adequada, mas pela autonomia estética diante da pressão capitalista que aquele uso representava. Ali eu entendi o quão pouco sabia sobre beleza, aparência, moda e sociabilidade na perspectiva das mulheres africanas.

Assim como muitas de nós na diáspora, com a ajuda e a resistência das mais velhas, tivemos que nos reconstruir para recriar nossas narrativas de origem, histórias essas que apontaram para um futuro diferente, potente e inovador. Da escassez e da dor, produzimos em abundância um outro senso de conexão com o mundo material e imaterial. Hoje, com muitas de nós espalhadas por aí — mas nunca desarticuladas —, resistindo e lutando dentro das próprias demandas e cada uma à sua maneira, compreendemos cada vez mais a potência da moda e da linguagem da aparência como marca de resistência.

O que mais me impactou na viagem foi a sensação de pertencimento e de estar em casa, especialmente quando as mãos daquelas mulheres me tocavam para checar se eu estava bem ou me acolher quando eu tinha qualquer dúvida. Algo muito forte e ao mesmo tempo estranho, pois jamais imaginei pisar fora do Brasil, quanto mais num país africano cheio de tradições, como o Senegal. Sentir de perto os resultados da diáspora africana foi algo além do que a minha mente poderia alcançar. Como é possível que nos sintamos ou nos comportemos como pessoas conhecidas umas das outras em tantos lugares deste planeta — seja no Senegal, com as mulheres de Dakar, em Camarões, na Nova Guiné ou na Costa do Marfim? O que há em nós de tão forte, sutil e silencioso que constrói essas conexões? Nas minhas experiências posteriores nos Estados Unidos ou na Europa, quanto senso de intimidade o meu cabelo, por ser natural, despertou nas minhas semelhantes, acionando trocas inigualáveis?

Vejo tudo isso como resultado da nossa resistência, pois nos detalhes mais sutis e sofisticados nos vemos integrantes de uma origem cultural e espiritual comum. Conexão traduzida desde o toque ao olhar profundo, dos cabelos ao modo como nos reconhecemos belas e felizes usando com destreza cores e estampas nas nossas vestes. Nossa aparência é fruto do ato orgânico de nos reconhecer natureza e, portanto, passíveis de nascimento e de morte. Por diversas vezes, independente dos motivos ou dos processos que vivemos, sempre renascemos — pois, de uma ancestralidade caracterizada pela luta, aprendemos de modo único a nos adaptar e, por dentro, a continuamente crescer e nos fortalecer.

ATIVISMOS DE MULHERES NEGRAS: MODA PARA ALÉM DA IMAGEM

Tanto a Dakar Fashion Week como a Black Fashion Week, ambas organizadas por Adama Ndiaye — que só contratava modelos que não usavam os tais cremes clareadores — se estabeleceram como um espaço importante para apoiar jovens designers e modelos de ascendência africana e para destacar os pontos fortes da África contemporânea e da diáspora africana ao longo da história da moda. Ajudando a fomentar a moda de pessoas negras ao redor do mundo, com a intenção de ampliar o nosso alcance ao mercado internacional, assim como estender o número e a qualidade das publicações e a visibilidade na mídia, Adama acredita que sua postura de ativista na moda "não é uma questão de cor, mas de cultura".

No caso da Dakar Fashion Week, como a primeira estilista brasileira a fazer parte do evento, voltei a ser convidada em 2022, no aniversário de vinte anos dessa importante semana de moda africana, onde as pessoas mais queridas de cada edição participariam novamente.

Nas Black Fashion Weeks, a especificidade dos desfiles é a diversidade de participantes: pessoas oriundas de diversas localidades, como Camarões, Moçambique, Nigéria, Berlim, Líbano, Angola, Montreal, Paris, Itália ou Paquistão — nos últimos anos, continuei sendo a única representante do Brasil. Além do país de origem das participantes, o evento investe em diversidade de localizações:

já foi realizado em Paris, Londres, Praga, Montreal e Milão. Em Paris, uma cidade que é tradicionalmente reconhecida como a capital mundial da moda e que reúne pessoas negras locais e de diversos lugares do mundo, o evento marca um passo importante no desenvolvimento da moda feita por pessoas pretas e no enfrentamento ao racismo.

Na minha segunda participação na Black Fashion Week Paris em 2015, voltamos a nos reunir no laboratório de costura da faculdade de moda, construindo um curso de extensão que dessa vez durou quatro meses por conta da complexidade das técnicas de manipulação têxtil que escolhemos como campo de estudo para confecção das roupas. Seria uma coleção de apenas dez looks, dando forma ao projeto da coleção Vozes que foi criado para um desfile no Brasil que não aconteceu.

No laboratório, debatemos os impactos da lógica colonial ainda presente no nosso cotidiano. Mais uma vez, partimos da análise do endereçamento para iniciar o processo criativo, considerando o fato de que o local de apresentação seria a França, nação que colonizou muitos países africanos — e continuava administrando alguns até hoje. Nosso desafio era provocar o público a pensar sobre a resistência das comunidades negras nesse contexto, e foi por isso que a região dos quilombos da Bacia do Iguape nos pareceu a locação ideal: local que reúne diversas expressões culturais de ascendência africana, o Recôncavo Baiano conta com traços arquitetônicos coloniais e ruínas de um convento do século XVII.

Em meio à confecção da coleção, o cineasta Cláudio Manoel propôs a gravação de um documentário, o *Moda.Devir*, que aborda a metodologia do projeto em design de moda e suas implicações sociais. Fizemos uma vaquinha nas redes sociais para viabilizar o deslocamento até o quilombo, o aluguel de equipamento e a alimentação de uma equipe de mais de trinta pessoas. Nessa fase de captação informal de recursos, mais gente interessada em apoiar o projeto se integrou à equipe.

Assim, tivemos a oportunidade de expandir o alcance do projeto Modativismo. Numa parceria com lideranças das Associações de Mulheres do Quilombo Tabuleiro da Vitória e de Santiago do Iguape, em Cachoeira, na Bahia, produzimos a pesquisa, a imagem de moda da coleção e os produtos audiovisuais. Convidamos as jovens das comunidades a integrar os trabalhos como modelos e demais profissionais, o que resultou na construção de alianças duradouras até o presente momento.

Considerações finais

Fui professora em sala de aula formal durante metade da minha vida e construí, de maneira autônoma, uma experiência de educação informal no ateliê-escola Modativismo. Habitando a margem, mas me colocando no centro da pesquisa e da construção da moda, pude compreender que uma boa docente — ou qualquer profissional — nasce da nossa qualidade como ser humano, cujo aprimoramento se constrói a partir da capacidade de aprender a aprender.

Foram mais de quinze anos atuando em sala de aula no ensino superior e, antes disso, outros cinco na escola pública com crianças e adolescentes, para compreender que o principal desafio da minha pretensa contribuição para a desconstrução das desigualdades era construir laços afetivos. Por meio deles, o ensino-aprendizagem se manifesta sob a perspectiva da ação coletiva, comunitária, onde cada integrante afeta e se deixa afetar, antes de tudo, pelas relações interpessoais.

Assim, mudamos também por dentro, expressando muito de nós mesmas nas etapas criativas, com as pesquisas que promovem o nosso autoencontro com a memória apagada. Substituímos as lembranças de dor e de escassez pelos mapas que — desenhados coletiva e processualmente — registram os rizomas/raízes dos caminhos percorridos, que podem e devem ser modificados pelas milhares de pegadas que passarão pelas mesmas rotas, mas que jamais serão as mesmas.

Costuradas entre letras e tecidos, as produções do Modativismo já circularam por mais de dez cidades dentro e fora do Brasil. Quem poderia imaginar que uma mulher negra, oriunda de um território marcado pela exploração de pessoas pretas de origem africana, conseguiria permanecer viva e ativa no âmbito da criação artística e na docência acadêmica? Hoje, é até possível crer nessa possibilidade de existência, mas, há alguns anos, quando iniciei o projeto, o contexto em que me inseria exibia uma outra recepção do meu corpo--território, seja na moda ou na universidade.

Nesses anos, o Modativismo como empreendimento social não se ocupou necessariamente da produção comercial, mas da elaboração de um espaço de formação política como base para a criativa. Numa busca por criar e compartilhar oportunidades artísticas e profissionais, o projeto se desenvolveu dentro do campo de criação em moda, com base nas discussões sobre aspectos da economia criativa. Assim, apresentou como diferencial um aporte de aprofundamento de pesquisa sobre a nossa origem e ancestralidade afro-brasileira/afro-ameríndia. A partir daí, desenvolveram-se experiências coletivas, traduzidas na criação de objetos vestíveis e de outras produções artísticas, literárias e audiovisuais que passaram a compor acervos artísticos feitos por pessoas negras — em sua maioria mulheres.

No papel de conectora de oportunidades, recebi nos laboratórios criativos, como voluntárias para os projetos de coleção, muitas integrantes de grupos minoritários — mulheres negras, pessoas

LGBTQIAPN+, pessoas com deficiência, idosas e de comunidades tradicionais quilombolas, de terreiros etc. Muitas dessas foram contratadas pelas empresas, artistas e entidades que me convidaram como artista para criação e autoria de alguma obra ou serviço.

Ciente de que, por causa da nossa origem e posicionalidade,* teríamos pouca probabilidade de acessar determinados meios para construir uma experiência profissional qualificada — pois isso marcou a minha própria trajetória —, produzimos criticamente essas alianças. O projeto, então, serviu também como campo de formação circular e horizontal, sob a lógica dos quilombos, prática que reforça a busca das nossas origens para produzir memória e inventar um outro mundo.

Para além da criação de obras vestíveis, nos dedicamos à construção de uma sociedade que nos respeite, que compreenda a indissociabilidade en-

---

* Nos estudos de gênero e feminismo, a palavra "posicionalidade" tem o sentido atribuído a expressões como "lugar de fala". Trata-se da definição da perspectiva de existência, da compreensão de quais marcadores sociais das diferenças compõem o nosso lugar de existência na sociedade e na cultura.

tre a sustentabilidade social, cultural e ambiental. Sendo a produção da vulnerabilidade uma das lógicas da dominação neocolonial — que também estimula o consumo como forma de adequação aos padrões impostos —, temos como consequência o rápido descarte de roupas, acessórios e outros produtos de moda — e de pessoas.

Dentre as nossas práticas no ateliê, sempre debatemos como o consumo exacerbado — a partir da lógica da imitação competitiva —, bem como a criação de moda no sentido de modismo — usurpando a autonomia estética das pessoas — podem nos distanciar das práticas culturais de nossas comunidades de origem. Portanto, sempre prezamos pelo apuro ético-estético e técnico em processos de criação têxtil, na manipulação e reutilização de resíduos e no redesenho de objetos cotidianos que, inseridos nas coleções, nos reconecta com a nossa memória afetiva e ancestralidade. São aspectos relevantes nos processos de democratização dos recursos de intelectualidade mental e manual que antecedem a materialidade na produção de bens de moda, com a intenção de ressignificar a lógica capitalista do consumo.

No meu campo de atuação, a prática de decodificar os parâmetros que aproximam as metodologias e os processos criativos dos modos de saber/fazer referentes ao legado da nossa ancestralidade são indissociáveis. Isso começa a partir do momento em que compreendemos a pessoa criadora como potencial inventora de novos mundos e, assim, vislumbramos a definição de novas paisagens humanas, sociais e culturais por meio da elaboração de uma nova linguagem. Uma vez cientes de que nossa memória e nossa história foram apagadas e deturpadas, podemos visualizar que falta informação à maioria das pessoas brasileiras sobre a ancestralidade negra, indígena ou qualquer outro legado cultural que não seja o branco hegemônico.

Portanto, para enfrentar a desigualdade e contribuir com a desconstrução das relações de poder, é necessário aprofundar e melhorar a qualidade das pesquisas e da educação no campo do design de moda, para que, a partir daí, possamos construir processos mais respeitosos a nós mesmas e à nossa origem. Para mim, não há teoria possível se dissociada da prática; ou elaboração técnica factível se distante da reflexão intelectual compartilhada e horizontalizada. Para a avaliação da efetividade de ambas, é necessário aprimoramento humano no que se refere ao respeito às condições de existência das pessoas que direta ou indiretamente compõem as pesquisas científicas e as práticas artísticas.

Do mesmo modo, se faz importante a compreensão de que, como eu mencionei acima, a sustentabilidade não se encerra nos aspectos ambientais, pois é indissociável da esfera sociocultural. Sem dignas condições de trabalho e de remuneração, assim como a efetiva participação e valorização do trabalho de mulheres negras, não há processo que possa ser sustentável ou respeitável. O papel da mulher negra na cadeia produtiva de moda mostra que sempre fomos vistas como meras reprodutoras ou executoras da criação alheia, colocadas como prestadoras de serviço em condições subalternizadas. É por isso que a partir do momento em que entendemos os estereótipos como forma de controle precisamos ter o compromisso de alterar essa lógica que nos afeta diretamente e contribui para a marginalização.

Nas palavras finais de "Escolher a margem como espaço de abertura radical", um dos textos mais brilhantes que já li, bell hooks nos ensina que podemos ressignificar palavras como "luta" e "resistência", hoje esvaziadas pela lógica do capitalismo. Diferenciando o sentido de "marginalização" imposta pelas estruturas opressoras daquelas bordas que cartografam a nossa existência no mundo, passamos a enxergar a margem como um campo ilimitado de abertura por conta da inexistência de modelos: "Chegamos a este espaço através do sofrimento e da dor, através da luta. Conhecemos a luta para ser aquilo que agrada, encanta e satisfaz o desejo".

Em resposta à dominação, constituímos a margem como espaço de criação e de afirmação da subjetividade e do desejo, e assim transformamos todo lugar que ocupamos neste país em território novo. A luta, por mais dolorosa que seja, ainda é um privilégio para poucas mulheres negras. Aprendi com as minhas mais velhas que mesmo na dor e na luta existe a possibilidade de escolha.

O empreendimento social Modativismo por muitos anos não possuiu um espaço físico próprio, mas, desde 2013, quando iniciamos nossas práticas, existe como um ateliê itinerante, que se instala sob demanda em espaços educacionais que cedem os equipamentos culturais, o maquinário e as estruturas.

Durante esses anos, foram muitos prêmios que recebi, a grande maioria oriunda de organizações políticas e do movimento negro organizado na Bahia. Ter sido indicada aos prêmios pela relevância antirracista do meu trabalho com moda simboliza um reconhecimento importante do meu papel como intelectual, artista e educadora, e ratifica a luta como uma escolha consciente. Ao saber que venci uma premiação nacional ao final do ano de 2021, com votação popular, me surpreendi com o tamanho da mobilização, o que me fez entender que o alcance do projeto vai além das mídias e das redes sociais. Sentimento reforçado especialmente ao receber ligações de lideranças de comunidades tradicionais do Recôncavo Baiano — Casa das Rendeiras em Saubara, Quilombo Tabuleiro da Vitória, mulheres de tradicionais terreiros de candomblé de Salvador — me parabenizando e relatando o envolvimento na campanha, dizendo: "Uma vitória sua é uma vitória nossa!". Um passo dado por uma mulher negra, desde que ligado às nossas comunidades de origem, é uma vitória coletiva.

Modativismo nasceu da luta ativista e da necessidade visceral de criar novos mundos e oportunidades, pois viver diante dos ditames da inferiorização não nos basta. É importante lembrar que um conceito não surge apenas das escritas grafadas e de comparativos teóricos, pois o universo acadêmico por muito tempo não foi o nosso lugar. Por isso, é um conceito que só pode existir na indissociabilidade entre teoria e prática, saber e fazer, ser e poder.

Para nós, mulheres negras, toda ação que foge do lugar de subalternidade em que o racismo nos colocou é uma postura ativista. Quando reivindico definir a minha própria narrativa e elaborar modos de produção de conhecimento que pesem, na mesma medida, a produção da intelectualidade mental e os produtos da intelectualidade manual, estou sendo ativista. Ativismo é uma postura crítica, materializada em ações individuais e coletivas que visam à mudança do curso de vida de uma comunidade ou grupo. Os ativismos e suas diversas formas de expressão intentam uma mudança prática da realidade social, no caminho da garantia de direitos humanos para todas as pessoas. Portanto, parte de um pensamento reflexivo e crítico, debatido de maneira organizada dentre o grupo de interesse, para que possa, por exemplo, balizar desde a proposição de políticas públicas até projetos de transformação social ou de intervenção empresarial em diversas áreas.

No ano de 2023, no Departamento de Estudos de Gênero e Feminismo da Universidade Federal da Bahia, onde atuo desde 2011, criei a primeira disciplina sobre moda e ativismo do Brasil. Com o nome "Modativismo: processos criativos decoloniais", o componente curricular tem como ementa: "Estudos sobre as relações entre cultura, sociedade, arte, design de moda e linguagem nos processos de transformação social, por meio das práticas artísticas e do ativismo político". Com estrutura metodológica centrada na relação de aprendizagem orgânica e horizontalizada e com compartilhamento de saberes e fazeres, a intenção é potencializar processos criativos decoloniais para a construção de peças artísticas colaborativas. O componente curricular nasce da proposta de pesquisa artística situada e posicionada dentre as práticas ativistas feministas e antirracistas, e por esse motivo integra ensino, pesquisa e extensão universitária, materializando alguns dos resultados dessa experiência compartilhada com vocês neste livro.

Celebro este livro-manifesto no reconhecimento da importância de um registro de percurso construído no projeto Modativismo como intervenção diante dos ditames do racismo. Com ele, pude experienciar a construção do conhecimento científico a partir da prática, como bem me ensina a minha ancestralidade.

Aqui devolvo às minhas mais velhas todas as bênçãos e inspirações que conduziram esses caminhos, pois sou apenas uma porta-voz de distantes paisagens do Òrun e do Àiyé, com a honra de poder compartilhar diferentes modos de sentir com tantas e potentes mulheres negras ao longo desta trajetória.

Referências bibliográficas

AKOTIRENE, Carla. *Interseccionalidade*. São Paulo: Jandaíra, 2019.

ALMEIDA, Silvio. *Racismo estrutural*. São Paulo: Jandaíra, 2019.

AMBROSE, Gavin; HARRIS, Paul. *Design Thinking*. Porto Alegre: Bookman, 2011.

ANZALDÚA, Glória. "Falando em línguas: Uma carta para as mulheres escritoras do terceiro mundo". *Revista Estudos Feministas*, Florianópolis, v. 8, n. 1, pp. 229-35, 2000.

_____. "La conciencia de la mestiza: Rumo a uma nova consciência". *Revista Estudos Feministas*, Florianópolis, v. 13, n. 3, pp. 704-19, 2005.

_____. "Como domar uma língua selvagem". *Cadernos de Letras da UFF: Difusão da língua portuguesa*, Niterói, n. 39, pp. 305-18, 2009.

ARAUJO, Rosangela (Janja) Costa. "Capoeira, gênero e relações raciais: Debatendo processos de reparação política e justiça restaurativa". In: XX Simpósio de Pesquisadoras(es) sobre Mulher e Relações de Gênero, 29 out. 2021, Salvador. *Anais...* Salvador: UFBA, 2021.

ARNHEIM, Rudolf. *Arte e percepção visual: Uma psicologia da visão criadora.* São Paulo: Cengage, 2016.

AZEVEDO, Thales de. *As elites de cor numa cidade brasileira: Um estudo de ascensão social & Classes sociais e grupos de prestígio.* 2. ed. Salvador: Edufba, 1996.

BARNARD, Malcolm. *Moda e comunicação.* Rio de Janeiro: Rocco, 2003.

BARRETO, Carol. *Moda e expressão sexual: Redesenho e construção da aparência no grupo das travestis de Salvador.* Salvador: UEFS, 2008. 104 pp. Tese (Mestrado em Desenho, Cultura e Interatividade).

_____. "Modativismo e os processos decoloniais na coleção Asè". In: ARTUSO, Eloisa; SIMON, Fernanda (Orgs.). *Revolução da moda: Jornadas para sustentabilidade.* [S.l.]: Reviver, 2021. pp. 113-30.

_____. "Passado, presente e futuro ecoando no atlântico sul: Conexões entre arte e ativismo". In: XVI Enecult, 2018, Salvador: UFBA, ano 15, v. 1.

_____; ROSA, Laila. "Falando em línguas: ARTEvismo como forma de produção de conhecimento feminista". In: GROSSI, Miriam; BONETTI, Tânia (Orgs.). *Caminhos feministas no Brasil: Teorias e movimentos sociais.* Tubarão: Copiart; Tribo da Ilha, 2018. pp. 19-45.

BARROS, Iuri Ricardo Passos de. "Elas podem tocar atabaque?". In: XII Enecult, 2016, Salvador: UFBA, ano 13, v. 1.

BARTHES, Roland. *Aula*. 14. ed. São Paulo: Cultrix, 2004.

_____. *Sistema da moda*. São Paulo: Nacional; Edusp, 1979.

BENTO, Maria Aparecida Silva; CARONE, Iray (Orgs.). "Branqueamento e branquitude no Brasil". In: _____. *Psicologia social do racismo: Estudos sobre branquitude e branqueamento no Brasil*. Petrópolis: Vozes, 2002. pp. 25-58.

BONETTI, Alinne. "Antropologia feminista: O que é esta antropologia adjetivada?". In: _____; FLEISCHER, Soraya. *Entre pesquisar e militar: Contribuições e limites dos trânsitos entre pesquisa e militância feministas*, 2007. pp. 22-34.

BUTLER, Judith. "Corpos que pesam: sobre os limites discursivos do 'sexo'". In: LOURO, Guacira Lopes. *O corpo educado: Pedagogias da sexualidade*. Belo Horizonte: Autêntica, 1999. pp. 153-172.

_____. *Undoing Gender*. Nova York: Routledge, 2004.

_____. *Problemas de gênero: Feminismo e subversão da identidade*. Rio de Janeiro: Civilização Brasileira, 2010.

CARNEIRO, Sueli. "Identidade feminina". In: SAFFIOTI, Heleieth; MUÑOZ-VARGAS, Monica (Orgs.). *Mulher brasileira é assim*. Rio de Janeiro: Rosa dos Tempos, 1994. pp. 187-94.

_____. "Mulheres negras, violência e pobreza". In: Diálogos sobre a violência doméstica e de gênero: Construindo políticas para as mulheres, Brasília, 2003. pp. 11-9.

COLLINS, Patricia Hill. "Toward a New Vision: Race, Class and Gender as Categories of Analysis and Connection". In: Integrating Race and Gender into the College Curriculum, Memphis, 1989.

COLLINS, Patricia Hill. "Aprendendo com *a outsider within*: A significação sociológica do pensamento feminista negro". *Sociedade e Estado*, Brasília, v. 31, n. 1, jan./abr. 2016.

CRENSHAW, Kimberlé. "Documento para o encontro de especialistas em aspectos da discriminação racial relativos ao gênero". *Revista Estudos Feministas*, Florianópolis, v. 10, n. 1, pp. 171-88, 2000.

CURIEL, Ochy. "Descolonizando el feminismo: Una perspectiva desde América Latina y el Caribe". In: I Coloquio Latinoamericano sobre Praxis y Pensamiento Feminista, 2009, Buenos Aires.

_____. "Hacia a construcción de un feminismo descolonizado". In: MIÑOSO, Yuderkys Espinosa (Org.). *Aproximaciones críticas a las prácticas teórico-políticas del feminismo latinoamericano*. Buenos Aires: En la Frontera, 2010. v. 1, pp. 69-78.

DAVIS, Angela. *Blues Legacies and Black Feminism: Gertrude "Ma" Rainey, Bessie Smith, and Billie Holiday*. Nova York: Penguin Random House, 1999. p. 3.

_____. *Mulheres, raça e classe*. São Paulo: Boitempo, 2016.

DE JESUS, Jaqueline Gomes; ALVES, Hailey. "Feminismo transgênero e movimentos de mulheres transexuais". *Revista Cronos*, v. 11, n. 2, 2012.

ESCÓSSIA, Liliana da; KASTRUP, Virgínia; PASSOS, Eduardo (Orgs). *Pistas do método da cartografia: Pesquisa-intervenção e produção de subjetividade*. Porto Alegre: Sulina, 2020.

ESCOSTEGUY, Ana Carolina D. *Cartografias dos estudos cultu-*

rais: Uma versão latino-americana. Belo Horizonte: Autêntica, 2010.

EVARISTO, Conceição. "Nossa escrevivência reivindica o direito de contar as nossas histórias". *Oficina Memórias e Escrevivências*, Belém, PA, 2019.

FAIRCLOUGH, Norman. *Discurso e mudança social*. Brasília: Ed. UnB, 2001.

FIGUEIREDO, Angela. "Dialogando com os estudos de gênero e raça no Brasil". In: PINHO, Osmundo; SANSONE, Livio (Orgs.). *Raça: Novas perspectivas antropológicas*. 2. ed. Salvador: Edufba, 2008. pp. 237-57.

_____. "Cabelo, cabeleira, cabeluda e descabelada". In: OLIVEIRA, Rosy de; PIRES, Antônio Liberac Cardoso Simões (Orgs) *Olhares sobre o mundo negro: Trabalho, cultura e política*. Curitiba: Progressiva, 2010. pp. 175-201.

_____. "Carta de uma ex-mulata à Judith Butler". *Periódicus*, Salvador, v. 1, n. 3, pp. 152-69, 2015.

FORTIN, Sylvie. "Contribuições possíveis da etnografia e da autoetnografia para a pesquisa na prática artística". *Cena* 7, Porto Alegre, 2000.

GILROY, Paul. *O atlântico negro: Modernidade e dupla consciência*. Rio de Janeiro: Ed. 34; Ucam, 2002.

GONZALEZ, Lélia. "Racismo e sexismo na cultura brasileira". *Ciências Sociais Hoje*, pp. 223-44, 1984.

GRAEDEL, Thomas E.; ALLENBY, Braden R. *Industrial Ecology*. Nova Jersey: Pearson, 1995.

GUIMARÃES, Antonio "Sérgio Alfredo. Como trabalhar com

'raça' em sociologia". *Educação e Pesquisa*, São Paulo, v. 29, n. 1, pp. 93-107, jan./jun. 2003.

HARAWAY, Donna. "Saberes localizados: A questão da ciência para o feminismo e o privilégio da perspectiva parcial". *Cadernos Pagu*, Campinas, n. 5, pp. 7-41, 1995.

HOOKS, bell. "Escolher a margem como espaço de abertura radical"; "Uma estética da negritude: estranha e opositiva". Trad. de Camila Matos. In: _____. *Yearning: Race, Gender and Culture Politics*. Cambridge: South End, 1990. v. 1. [Ed. bras.: *Anseios*. São Paulo: Elefante, 2019.]

_____. "An Aesthetic of Blackness: Strange and Oppositional". *Lenox Avenue*, v. 1, pp. 65-72, 1995.

_____. "Alisando o nosso cabelo". Trad. de Lia Maria dos Santos. *Gazeta de Cuba*, jan./fev. 2005. Disponível em: <www.geledes.org.br/alisando-o-nosso-cabelo-por-bell-hooks/>. Acesso em: 28 set. 2023.

_____. *Ensinando a transgredir: A educação como prática da liberdade*. São Paulo: Martins Fontes, 2013.

KILOMBA, Grada. *Memórias da plantação: Episódios de racismo cotidiano*. Rio de Janeiro: Cobogó, 2019.

KRUCKEN, Lia. *Design e território: Valorização de identidades e produtos locais*. São Paulo: Studio Nobel, 2009.

LÉVI-STRAUSS, Claude. "A noção de estrutura em etnologia". In: _____. *Antropologia estrutural*. 5. ed. Rio de Janeiro: Tempo Brasileiro, 1996.

LORDE, Audre. "Poesia não é um luxo". Trad. de Tatiana Nascimento. In: _____. Diáspora y dissidência sexual em trânsito escritas negras/de cor feministas lésbicas cuíer/ queer. *Chrysalis*, n. 3, 1977. Disponível em: <traduzidas. wordpress.com/2013/07/13/poesia-nao-e-um-luxo-de-audre-lorde/>. Acesso em: 28 set. 2023.

LORDE, Audre. *Zami: A New Spelling of my Name — A Biomythography*. Berkeley: Crossing, 1982.

_____. *Textos escolhidos de Audre Lorde*. [S.l.]: Difusão Herética. p. 34. Disponível em: <difusionfeminista.wordpress. com>. Acesso em: 28 set. 2023.

LUGONES, María. "Rumo a um feminismo descolonial". *Revista Estudos Feministas*, Florianópolis, v. 22, n. 3, set./dez. 2014.

MOREIRA, Adilson. *Racismo recreativo*. São Paulo: Jandaíra, 2019.

OSTROWER, Fayga. *Criatividade e processos de criação*. 9. ed. Petrópolis: Vozes, 1993.

PAIXÃO, Marcelo. "Das relações raciais no Brasil: Entre a emergência de um novo tempo e a persistência do modelo autoritário". *LasaForum*, v. 46, n. 2, mar./maio 2015.

PIERSON, Donald. *Brancos e pretos na Bahia: Estudo de contacto racial*. Rio de Janeiro: Nacional, 1945.

PRECIOSA, Rosane. *Produção estética: Notas sobre roupas, sujeitos e modos de vida*. 2. ed. São Paulo: Ed. Anhembi Morumbi, 2005.

"RAÇA"; "RELAÇÕES RACIAIS: PERSPECTIVA UM" e "RELAÇÕES RACIAIS: PERSPECTIVA DOIS". "DISCRIMINAÇÃO RACIAL"; "RACIALIZAÇÃO"; "RACISMO". In: CASHMORE, Ellis. *Dicionário de relações étnicas e raciais*. São Paulo: Selo Negro, 2000.

RAMOS, Guerreiro. "O problema do negro na sociologia brasileira." In: _____. *Introdução crítica à sociologia brasileira.* Rio de Janeiro: Andes, 1957.

ROLNIK, Suely. *Cartografia sentimental: Transformações contemporâneas do desejo.* Porto Alegre: Sulina; Ed. da UFGRS, 2006.

SAUSSURE, Ferdinand de. *Curso de linguística geral.* 28. ed. São Paulo: Cultrix, 2012.

SILVA, Aline Pacheco et al. "'Conte-me sua história': Reflexões sobre o método de história de vida". *Mosaico*, Belo Horizonte, v. 1, n. 1, pp. 25-35, 2007.

SILVA, Tomaz Tadeu da (Org.). HALL, Stuart; WOODWARD, Kathryn. "A produção social da identidade e da diferença". In: _____. *Identidade e diferença: A perspectiva dos estudos culturais.* Petrópolis: Vozes, 2011.

SILVEIRA, Icléia; SILVA, Giorgio Gilwan. "Medidas antropométricas e o projeto do vestuário". In: III Colóquio de Moda, Fortaleza, 2007. Disponível em: <www.coloquio moda.com.br/anais/Coloquio%20de%20Moda%20-%20 2007/8_11.pdf>. Acesso em: 7 out. 2023.

SIMMEL, Georg. "A mulher e a moda". Trad. de André Mourão. In: _____. Philosophie der Mode. *Das Magazin*, Leipzig, v. 77, n. 5, pp. 82-3, fev. 1908.

_____. "As grandes cidades e a vida do espírito (1903)". *Mana*, Rio de Janeiro, v. 11, n. 2, pp. 577-91, 2005.

SOARES, Maria Andrea dos Santos. "Look, Blackness in Brazil!: Disrupting the Grotesquerie of Racial Representation in Brazilian Visual Culture". *Cultural Dynamics*, pp. 24-75, 2012.

SODRÉ, Muniz. *A verdade seduzida: Por um conceito de cultura no Brasil*. Rio de Janeiro: Francisco Alves, 1988.

TV Brasil. Escritora Conceição Evaristo é convidada do Estação Plural (programa completo). *Youtube*, 12 jun. 2017. Disponível em: <www.youtube.com/watch?v=Xn2gj1hGsoo>. Acesso em: 29 set. 2023.

WILLIAMS, Raymond. *Política do Modernismo: Contra os novos conformistas*. São Paulo: Ed. Unesp, 2011.

Agradecimentos

Modupé, Babá mi Èṣù e a todos os encantados das encruzilhadas, que alumiaram os meus caminhos e reforçaram a minha proteção neste percurso de tantas batalhas. Especialmente ao meu querido amigo Gira Mundo e às moças Maria Bagaceira e Dona Maria Mulambo das Almas. Modupé, Babá mi Ògún, pela força de luta sempre renovada e estendida a todas as pessoas que me acompanharam nessa caminhada. Modupé, Ìyá Orí, por inspirar tudo que sinto, penso, desenho e escrevo. No seu colo de mãe, flutuando reluzente nas águas azuladas, aprendi a escutar o meu coração antes da mente. Modupé, Babá Òrìsànlá, meu pai e meu filho, por iluminar os meus mais antigos e recentes caminhos, de modo a confirmar todo o propósito desta existência e, consequentemente, deste trabalho. Modupé aos erês, por me lembrarem que ao nos esforçarmos para ver o mundo sob o olhar de uma criança, nos despimos das pesadas cargas que não nos servem nem mesmo para a luta. Agradeço e saúdo a doçura e a sagacidade de Crispina e Logunedezinho, pelo apoio relevante e divertido, e aos caboclos Oxóssi caçador (Tio Ó) e Vira Mundo (Seu Vira) pelo acolhimento e proteção, assim como aos pretos e pretas-velhas por tanto amor. Modupé, mi Bàbálórìsà, Matheus Ramos, e à comunidade do Ilê Àṣẹ Òfurufú Orun, por me acolher e me fortalecer.

Modupé à minha família original, de terras imprecisas, mas sob inferência tão significativa desde a África até o Recôncavo Baiano. À minha avó Honorinda Gomes e ao meu avô José Muniz Barreto, por acreditarem e participarem ativamente do meu trabalho — desde a doação de roupas para os primeiros desfiles de redesenho à atuação cênica como modelos, sou muito grata por todo o apoio afetivo, imaterial e material. Assim como à minha mãe Maria do Carmo e ao meu pai Luiz Alberto, que criaram uma mulher corajosa para além das limitações de gênero. À minha duplamente irmã Ariane Lima, meu irmão Israel Lima e minha sobrinha Malu Barreto, por confirmar na sua existência os meus propósitos de arte, vida e luta. Às minhas primas/tias/irmãs/amigas Virgínia Gomes, Célia Gomes, Maria Luiza Gomes e Arlinda Gomes, por tanto amor e parceria efetivas na vida e neste percurso de pesquisa. Ao meu irmão de coração Leo Soares, com quem tenho tido o privilégio de dividir todas as sensibilidades artísticas e as diversas problematizações teórico-políticas, desde a graduação em letras na UEFS aos artigos que publicamos juntos — mas especialmente nos complexos percursos da vida. À minha irmã Laila Rosa, artista parceira das obras aqui apresentadas, precursora dos artivismos feministas junto comigo desde 2011, quando ingressamos como docentes na UFBA e nos encontramos no Neim. A partir dali, entendemos na prática que, como artistas e acadêmicas, seria necessário resistir fundindo as nossas diversas atuações, e assim o fizemos nos anos entre a Feminária Musical e o Modativismo.

Este trabalho só foi possível por conta da crença mútua, do investimento afetivo e material de outras mulheres negras como eu, que me ensinaram diferentes valores e formas-moeda de investimento num projeto de transformação social, para além do nosso tempo de vida: Tâmara Monford (amiga de infância e minha primeira sócia), Adriele Regine (ex-aluna, minha primeira assistente e hoje produtora executiva do projeto Modativismo), Claudia Soares (primeira parceira do projeto Modativismo e coordenadora de equipe e ateliê nos laboratórios criativos), Adama Paris (estilista senegalesa que me fez o primeiro convite internacional e me ensinou a ver a moda feita por mulheres negras em outra dimensão relacional), Juci Reis (curadora do nosso trabalho desde 2015, responsável pela circulação internacional em galerias de arte), Nanci Meire (ex-aluna, produtora de moda da equipe, que me mostrou por meio da sua própria transformação individual o quanto a consciência crítica é transformadora — tanto da nossa aparência quanto das nossas escolhas).

Por fim, ao ponto mais potente dessa caminhada, à atual equipe Modativismo, em nome de David Santos, Adriele Regine, Nanci Meire e Anderson Paz. Foram dezenas de pessoas que compartilharam dos processos de ensino-aprendizagem empreendidos nos laboratórios criativos e que construíram, junto comigo, um entendimento sobre o que é moda para mulheres negras, ratificando a minha compreensão sobre a relação entre moda e ativismo.

Modupé a todas as pessoas que me/se deram às mãos, nessa gira de mais de dez anos de trabalho coletivo: Ju Fonseca, Sika Caicó, Sista Kátia, Carla Calixto, Joice Fischer, Roque Jurandy Boa Morte, Milena Lisboa, Marta Santos, Maria Viana, Suellen Massena, Maria Massena, Suzane Massena, Suzana Massena, Alfredo Massena, Antônio Carlos (Binho), Priscilla Bastos, Marly Falcão, Carla Oliveira, Anita Costa, Carla Akotirene, Luma Nascimento, Silvana Grappi, Ana Vitória, Helen Salomão, Edgar Azevedo, Natan Fox, Israel Fagundes, Rogério Teodoro, Merie Souza, Sara Regina Nascimento, Bianca Pimentel, Everli Barbara, Fátima Audislene Gomes, Elisania Paulino, Elizabete Leitão, Lôro Velansk, Joelice Soares, Kris Viana, Edileuza, Ângela Sodré, Rogério Teodoro, Thaís Medeiros, Andreza Pires, Michele dos Anjos Casais, Roberta da Silva Santos, Taline dos Santos Souza, Viviane dos

Santos da Hora, Joice Lima da Silva, Vanessa Fernandes, Cátia Santos da Conceição, Laís Conceição Barbosa, Paula Maiara Conceição, Emile Brito, Cláudio Manoel Duarte, Gleydson Publio, Juliane Gomes, Mirella Ferreira, Adriano Magalhães, Daniela Penna, Adeline Seixas, Brenda Silva, Iuri Passos, Laila Andresa, Laila Rosa, Luan Sodré, Viviane de Lima, Fátima Audislene, Luciliane Cavalcante, Anderson Vidal, Luís Santana, Cláudio Argolo, William Samir, Fernando Expedito, Iasmin Silva, Daniel dos Santos, Ajah Makena, Celidalva Almeida, Ludimila Sandrine, Rangel Souza, Antonio Jorge, Rafael Fonseca, Cleitson da Cunha, Ítalo Soares, Rafael Cruz, Tarcís Rocha, Wattson Santana, Ingrid Vinagre, Letícia Conceição, Tamyres da Conceição, Brenda Santana, Jamile de Almeida, Maila Marielle, Bruna Borges, Luísa Catharine, Rejane Santos, Caroline Souza, Luana Santos, Maiane Laís, Carla A. da Silva, Sara Santana, Alice Pinto, Andreza Manuela, Bruna Velame, Camila Nut Nansu, Deise Nascimento, Eliana Maria, Jamile Barboza, Jarimara Costa, Leila Azevêdo, Lidiane Lima, Mahylle Santana, Paula Milena, Selma Maria, Verônica do Desterro, Victoria Pitta e Milena de Jesus. Às irmãs das comunidades quilombolas do Tabuleiro da Vitória e Santiago do Iguape, na Bahia, especialmente às mulheres-lideranças Maria de Totó, Alda Rocha, Dandara Guilhermina e Pan Batista. Agradeço também a todas as pessoas que de alguma forma cruzaram essas linhas até a finalização desta escrita, e que mesmo com os entraves provocados, me ensinaram que posso sempre mais. Ọlọ́run Bùsí Fún ọ

TIPOGRAFIA Adriane por Marconi Lima

DIAGRAMAÇÃO acomte

PAPEL Pólen Bold, Suzano S.A.

IMPRESSÃO Gráfica Bartira, fevereiro de 2024

A marca FSC® é a garantia de que a madeira utilizada na fabricação do papel deste livro provém de florestas que foram gerenciadas de maneira ambientalmente correta, socialmente justa e economicamente viável, além de outras fontes de origem controlada.